JN034570

人生最後の日にガッツポーズして死ねるたったひとつの生き方

ひすいこたろう

これがあなたの「命」です。
命とは「時間」のことです。

こうしてページをめくる間にも、
あなたの寿命は縮まりました。

１００年後、あなたはこの星にいません。
死ぬと決まっているのに、
なぜ、僕らは生まれてくるのでしょう?

人生最後の瞬間、

これまで得たモノ、

すべてを手放すのが人生のゴールです。

しかし、

人生最後の瞬間、

持って還れるものがひとつだけあります。
それが……「思い出」です。
人生最後の日、
あなたはどんな「思い出」を
持って還りたいですか？

「人生で一番大事な日は二日ある。
生まれた日と、
なぜ生まれたかがわかった日である」

——マーク・トウェイン（作家）

プロローグ　SAMURAI

「さあ、クイズの時間だ！」

大学のある授業で、教授はそういって大きな壺を取り出しました。

そしてその壺に、ひとつひとつ石を詰めていきました。

壺がいっぱいになるまで石を詰めると、教授は聞きました。

「この壺はもう満杯かな？」

教室中の学生が「はい」と答えました。

「本当に？」

教授はそう尋ねながら教壇の下から、今度はバケツいっぱいの砂利を取り出して、壺のなかに流し込みました。そして、もう一度聞きました。

「今度こそ満杯かな？」

「多分違います」と、ひとりの学生が答えると、教授は笑いながら教壇の下から、砂利よりもっと細かい砂の入ったバケツを取り出し、それを石と砂利の隙間に流し込みました。

そして、3度目の質問をしました。

「いよいよ満杯かな？」

学生たちは、「イヤ、まだ入りそう」と答えると教授はニヤッと笑い、今度は水差しを取り出し、水を壺のふちまでなみなみと注ぐといいました。

「先生が何をいいたいかわかるかな？」

ひとりの学生が、「どんなに満杯に見えても、努力をすれば、まだまだ詰め込むことができるということですか」と答えると、教授は「そうではない」と。

さて、教授の真意はなんだったのか……。

「先に大きな石を入れないと、
それが入る余地は、そのあと二度とないということだ。」

この壷は人生そのものを示している。

では私たちの人生にとって、大きな石とはなんだろう？

それは仕事であったり、志であったり、愛する人であったり、家族であったり、自分の夢であったりする。つまり、『大きな石』とは君たちにとって一番大切なものだ。

それを最初に壷のなかに入れなさい。

さもないと君たちは、それを永遠に失うことになるだろう」


さあ、あなたの人生にとって、「一番大きな石」とはなんでしょうか？

「一番大事なものに
一番大事ないのちをかける」
これは、詩人の相田みつをさんの言葉ですが、
一番大切なものを、一番大切にしながら生きる。

それが人生最後の日に、後悔なく死ねる、たったひとつの生き方です。

アスファルトを突き破って芽吹いてくる雑草を見たことがあると思います。

雑草は、ずっと見ていてもまったく生長しません。しかし、じわりじわりと伸び、ついにはアスファルトを突き破り、地上に出てくる力を持っています。

なぜそんなことができるのか？

それは、ここを突破するという「一点」が決まっているからです。

一つの所に懸命に生きる。

これぞ「一所懸命」です。

「命」とは、あなたの「持ち時間」です。

持ち時間は、刻一刻と減っている。

しかし、雑草の例でもわかる通り、安心していいんです。

人生は、すべてを成すには短いが、一番大切なことを成すには、十分なゆとりがあるからです。

あなたは、一番大切にしたい「大きな石」が決まっているでしょうか？
「生きる理由」が決まっているでしょうか？
どう生きたらいいか見えているでしょうか？

見えていない人は、どうでもいいことや、目の前のやらなければいけないことばかりに時間（命）をとられ、壺の残りの容量が減り、結局、一番大切なものが入らなくなってしまうのです。

大きな石が決まっている人は、
やらなければいけないことに追われる人生ではなく、
やる価値のあることを追いかける人生を送れます。

時間の奴隷として、時間に振りまわされて忙しく生きるか、
時間の主人として、時間を活かして生きるか、まさにDead or Aliveです。
お金よりも大切なのは、「時間」（命）です。
当たり前の事実をみんな忘れているんです。

いま僕らは、お金のために、有限の時間（命）をきり崩して、小さな石から壺に入れてしまっているんです。

全米心理学会の元会長のマチーン・セリグマンは、「幸せ」は3つの要素から成り立っていると解き明かしました。

①「Pleasure」

楽しみ、愉快、喜び。興奮などの快楽。

②「Flow」

時間を忘れて熱中できること。

③「Meaning」

人生の意味や仕事の意義。および目的の追求。

このなかで最も幸福を左右するのが、「Meaning」なのだそうです。

なぜなら、「Pleasure」の快楽は次第に慣れてしまうし、「Flow」状態には、いつでも入っていられるわけではないからです。しかし、③の「Meaning」、仕事の意義、生きる目的は、いかなるときも、そこに寄り添っていることができるからです。

つまり、「生きる理由」が明確になっているかどうかが、幸せか否かをわける最重要の要素なのです。

「大きな石」（生きる理由）は何も大げさなものではありません。たとえば、毎日のおそうじは面倒だなと思う人は多いと思いますが、うちのカミさんは、暇さえあれば部屋をそうじしています。家族で過ごす場所をとても大切にしているからです。

人生で一番大切にしていたいもの（＝家族との時間）が明確なので、おそうじが雑用にならないからです。

どんな大切なことだって雑にしたら雑用になってしまいます。

なんのためにやるのか、その理由が「雑用」を「大切な仕事」に変えてくれるのです。

この本では、あなたが本当に大切にしたいこと、
どう生きたらいいのか、
「生きる理由」(The Meaning)を見出すための
5つの物語を用意しました。

「生きる理由(目的)」は、いくら理屈で考えてもなかなか出てきません。
でも、カッコよく生きた人たちの人生を目撃していただくなかで、生きる理由は自然に浮き上がってきたりするものです。人はカッコよさ、美しさに触れると、「自分もこんな風に生きたい」と思うからです。
そのために幕末の5人の「サムライ」の物語を紡がせてもらいました。

５人の「サムライ」は……。

吉田松陰《よしだしょういん》
高杉晋作《たかすぎしんさく》
野村望東尼《のむらぼうとうに》
ジョン万次郎《まんじろう》
坂本龍馬《さかもとりょうま》

「サムライ」の語源は「さぶらふ」という動詞です。
「さぶらふ」とは、「大切なものを守る」という意味です。

自分の命を超えて大切にしたいものを見出し、そこに生きる理由を見出した５人。
その意味において、この５人を「サムライ」と表現させてもらいました。

「カッコいいって、こういうことだ！」

そんな生き方を貫いた５人の生き方に惚れるとき、
あなたのなかに「生きる理由」が立ち上がってくる仕掛けです。
「生きる理由」、それを本書では「ココロザシ」と呼んでいます。

この本は、何も歴史を知ってもらうための本ではありません。

美しく生きたサムライを題材に、
あなたの未来を最高、最良、最強にシフトするための物語です。

彼ら5人が何に悩み、一番大事にしたいものを、どのように見出していったのか、そのカッコいい生き方を疑似体験していただくことで、人生をかけるに値する、一番大事なものを見出してもらう物語です。
ひとりひとりの物語の最後に、あなたの人生に、具体的に引き寄せて考えるワークもあります。

そしてこの5人の物語《ストーリー》は、
そのまま日本の夜明けの物語でもあります。

いま、この星は、ありとあらゆるところで行き詰まりをみせています。
再び、時代は風雲を告げ、幕末のような混乱期に突入しています。

「現代」と「幕末」は、伝染病のコレラが上陸したり大地震がきたり、不思議なほどリンクしシンクロしています。

「幕末」を知ることで、いま何をすべきか、「未来の兆し」もまた見えてくるわけです。

何もかも行き詰まっていた幕末は、すべてを新しくするチャンスになったのです。

そして、いまこそ新たな「革命」が求められているのです。

そう、今度は僕らが、カッコいいサムライになるときなんです。


100年後の人たちはいうことでしょう。

いまという時代は、幕末なんてもんじゃないくらい激動期だったんだ、と。

いわば、ドラマでいうと、すべてが変わる一番おもしろい時代《シーン》を僕らは生きているんです。

ライフスタイル、生き方、制度、すべてが激変した幕末。

ちょんまげが切られ、着物から洋装になり、殿様からいまの議会制民主主義にといった具合に何もかもが変わった明治維新には、時代に取り残され、時代に翻弄されたまま人生を終えた人たちがたくさんいました。

だからこそ、激動の幕末のケースを知り、どうすれば新世界をつくっていけるのかを見出してほしいのです。

時代に翻弄されるか、
時代を創造していく側にまわるか。

この本を手に取ったあなたを、新世界のニューヒーロー（サムライ）にする。
それがこの物語の最大のミッションです。
一緒に最高の未来を迎えにいこう♪

心は安心、安定を求めますが、魂は違う。
魂は成長を求めています。
魂は進化を求めています。
いまこそ進化が問われている激動の時代です。

追伸

章の扉に「この章はこの曲が気分です」という曲名を記しています。

よければその曲を聴きながら楽しんでください。

そして、少しだけ日常を離れて、じっくり自分の本心と向き合う時間をつくってほしい。

では、日本の夜明けの物語を始めましょう。

ひすいこたろう

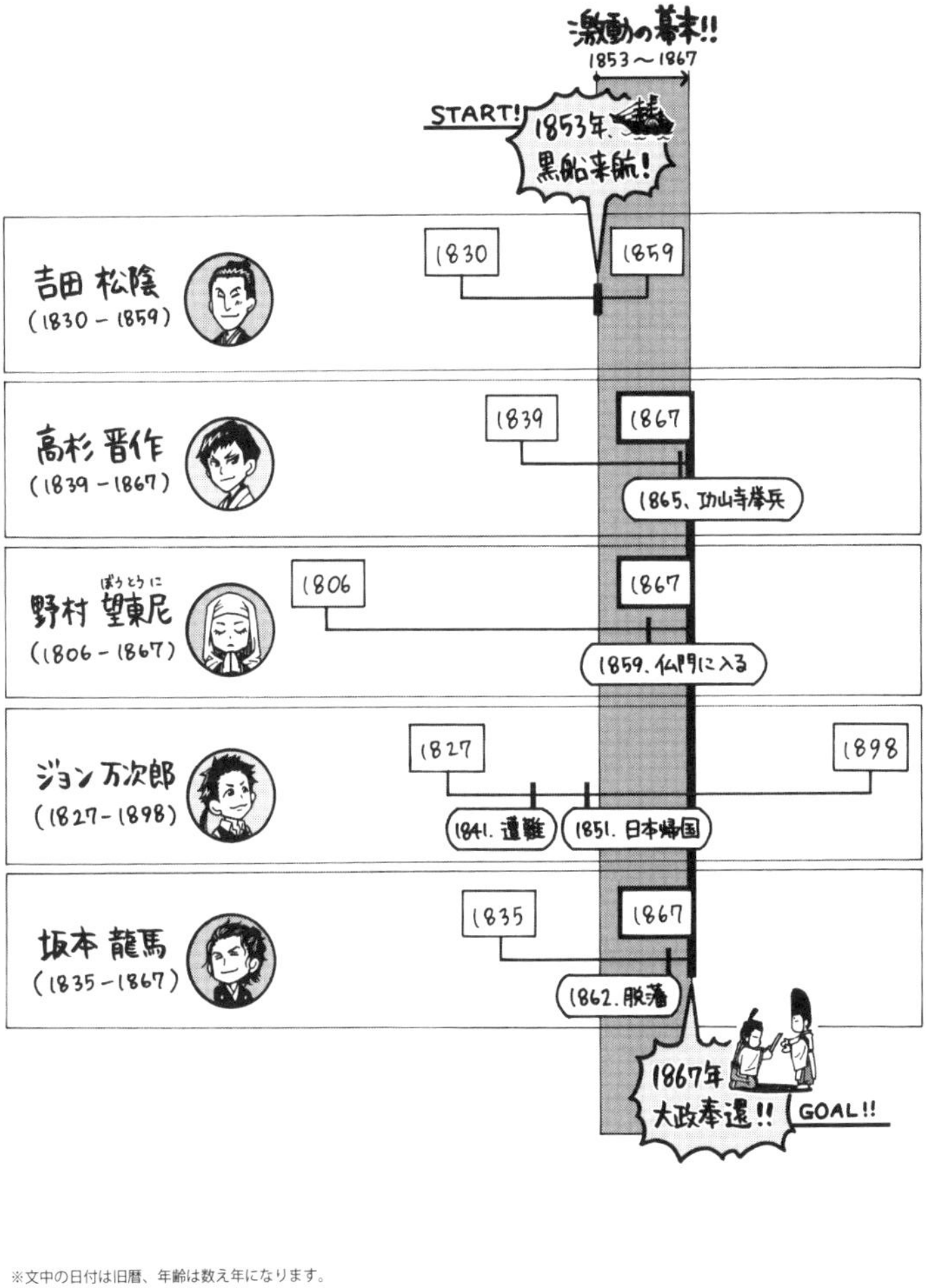
激動の幕末!!
1853〜1867
START!
1853年、黒船来航!
吉田 松陰
(1830 − 1859)
1830
1859
高杉 晋作
(1839 − 1867)
1839
1867
1865、功山寺挙兵
野村 望東尼《ぼうとうに》
(1806 − 1867)
1806
1867
1859、仏門に入る
ジョン万次郎
(1827 − 1898)
1827
1898
1841、遭難
1851、日本帰国
坂本 龍馬
(1835 − 1867)
1835
1867
1862、脱藩
1867年 大政奉還!!
GOAL!!

※文中の日付は旧暦、年齢は数え年になります。

CONTENTS 目次

「死」

si

死に物狂いで生きるのは、権利じゃなくて、義務だ。

伊坂幸太郎『終末のフール』（集英社文庫）

♪「ワンルーム叙事詩」amazarashi

第1章 LOVE

吉田松陰

「なんのために生きるのか？」を常に問い続けた、
なんのため男・吉《よし》田《だ》松《しょう》陰《いん》。

SHŌIN YOSHIDA

紺碧の海から悪魔がやってきたように見えた、その日。

江戸の空は晴れ上がっていました。

およそ170年前の嘉永6年（1853年）6月3日。


「あ、あれはなんだ!?」

澄んだ青空を墨汁できり裂くように黒い煙をはきながら、江戸湾入口の浦賀沖（神奈川県横須賀市浦賀）に突如、あらわれたのです。

マシュー・ペリー提督率いるアメリカ海軍艦隊の黒船です。乗組員は約1000人。

船に搭載されていた大砲は最新鋭のカノン砲でした。

潮風に逆らって、ゴーッと突き進む巨大な黒船は、当時の日本人には、まるで城が海の上を走っているかのように見えました。


黒船来航です。

それまで鎖国をしていた日本は震え上がります。当時、日本の船といえば手漕ぎです。しかしやってきた黒船は、これまで日本人が見たこともない2千トンを超える蒸気船でした。

黒船は日本の大型船の約19倍なんです。

19倍って、想像してみてください。19倍のサイズのゴキブリがあらわれたら気絶しますよね？（笑）

それくらい恐怖だったんです。

見えないもの（精神）を追求する東洋に対し、西洋は見える世界（物質）を究めてきたので、当時の西洋の技術力は東洋の国々をはるかにしのぎ、アジアの国々はほぼすべてが西洋諸国に屈服し植民地にされてしまったのです。

「日本も侵略されるのは時間の問題！」

そう恐怖するなかで黒船がやってきたわけですから、このまま侵略されてしまうのではないかと怯え、江戸は大混乱となりました。
しかし、その黒船を見て、こう思った日本人がいたのです。

僕は乗り込む！

それが、吉田松陰です。

黒船がきたという情報を江戸で知った松陰は、反射的に、もう浦賀へ向かって走り始めていました。いつだって前のめり。

走りながら考える。

それが吉田松陰、当時25歳です。

松陰は手紙に、このときの自分のことを**「飛ぶが如し」**と表現し、こう語っています。

「自分の心がそうせよと叫ぶなら、ひるむことなくすぐに従うべきだ」

「このままアメリカと戦になるかもしれない」

町では、武士たちが暗い顔をしてそう話し合っていました。

しかし、このとき松陰はこう思っていたのです。

「彼らは武士ではあるが、サムライではない」と。むしろ生まれ故郷のアメリカを飛び出し、世界を駆け巡り、太平洋を渡ってきた黒船の連中こそ、本当のサムライじゃないかと。

記録によると、松陰は「丈高からず、痩せ型であり、顔色は白っぽい」「人に親切で、誰にでもあっさりとして、丁寧な言葉遣いの人であった」とあります。

顔が細く、頬に薄いあばたがある。内側は太陽のように燃えていながらも、人に対しては、むしろ女性的、月のような穏やかさと優しさを持った人物であったそうです。

さて、やってきた黒船は、日本に開国と通商を開く目的で、アメリカ大統領の親書をたずさえてきていました。しかし、鎖国をしていた徳川幕府は受理を拒みます。すると、黒船は脅しをかけるかのように江戸湾に侵入を始め、ズドン、ズドンと江戸の町をきり裂くかのように大砲を響かせました。それは空砲でしたが、役人たちは震え上がります。

ペリーは「来年またくるので、そのときまでに返事を用意しておけ」と恫喝し去っていきました。これは返事によっては、アメリカとの全面戦争にもなりうる非常事態です。

（ちなみに、このとき江戸に剣術修行にきていた坂本龍馬も黒船を目撃しています。龍馬、当時19歳です）

吉田松陰は藩の兵学師範の吉田家に養子として入り、11歳にして、長州藩（山口県）の殿様の前で講義をするほど兵学を究めていましたが、これまで学んだ兵学が机上の空論であることを、黒船をひとめ見て悟ったのです。

これでは日本に勝ち目はない、と……。

ならば、これまでの知識はただちに捨て去るべきだ。

松陰にとっては、学問を究めることが目的ではありませんでした。

なんのために学ぶのか？
あくまでも大切にしたいものを守るためです。

松陰にとって一番大切にしたいことは、日本を守ることでした。そのために松陰は、これほどの技術を持つアメリカという国を、まず、この目で見てくる必要があると考えたのです。

「君は、なんのために学ぶのか？」

これは後に松陰が、松下村塾の門下生たちに真っ先に問うていた質問です。なんのためにやるのか？

常に、その問いから始めるのがショーイン・スタイルです。

松陰は、黒船に乗り込み、アメリカへ連れていってもらえるよう直談判しようと計画を立て始めるのです。当時、鎖国をしていた日本では、密出国は見つかれば死刑です。そこで、松陰が考えたのが漂流計画です。

題して「ジョン万次郎に続け！　うっかり漂流しちゃいました大作戦」。

かつて、漁師の子であるジョン万次郎が漂流してアメリカに滞在し、帰国したことを知っていた松陰は、自分も漂流と見せかけて黒船に乗り込もうと考えたのです。

松陰は、兄にこの日の気持ちを、手紙でこう告げています。

「海外渡航の禁は、徳川一世のことにすぎない。今回のことは、三千年の日本の運命に関係する以上、この禁に、思い患うことなんてできなかった」（『兄梅太郎との往復書簡』）

吉田松陰の密出国大作戦。

見つかったら、さらし首になることは覚悟の上でした。松陰のこの決意をもれ知った同郷の萩の染物屋の子、金子重之輔《かねこしげのすけ》は、「松陰先生、私も連れていってください」と頼み込みました。

でも、松陰は「これは遊びじゃない。迷惑をかけるわけにはいかない」とキッパリと断っています。しかし、重之輔もゆずらなかった。

「命がけは、はなから承知の上です。お願いです。私も連れていってください」

松陰は重之輔を「不屈の魂を持つ男とわかったので行を共にすることにした」と『幽囚録』に記しています。

松陰、重之輔の師弟コンビの結成です。

このとき松陰25歳、重之輔24歳です。

嘉永7年（1854年）3月27日。

荒ぶる波の音が闇夜にこだまする黒い海に、巨大な岩のように見える黒船が停泊しています。ふたりは下田（静岡県）から、古びた小舟で黒船へ向かおうとしますが、盗んだ小舟には、櫓《ろ》を固定する金具がないことに気づきます。

「松陰先生、どうしましょうか？」

「重之輔くん、大丈夫！　これを使え！」

松陰はおもむろに帯をほどき、その帯を櫓に縛りつけ、懸命に漕ぎ始めました。


小舟は黒い波に翻弄され、なかなか黒船に近づけません。

息は切れ、手は痺れ、汗が吹き出してきます。

縛った帯もゆるんできました。

「松陰先生、帯では持ちこたえられません。もう限界です……」

「重之輔くん、大丈夫！　これを使え！」

「え？　それはまさか……」

今度は松陰のふんどしでした！

「松陰先生……」

お笑いコンビのようなふたりですが、ふんどしで櫓を固定したのは実話です。

なんとか荒波をこえてようやく黒船が近くに見えてきます。巨大な岩のように見えた黒船に、手で触れられるところまできました。いよいよ乗り込みます。お互いの心臓の音が聞こえてくるかのような緊張感のなか、ふたりは目を合わせて黒船へ潜入しました。そのとき、乗ってきた小舟はそのまま流されて夜の闇に消えてしまいます。流された小舟には、松陰の計画を記した松陰の日記が置いてありました。それが幕府に見つかれば、計画はバレて首を斬られるのは必至。もう、何がなんでもアメリカへ連れていってもらわなければなりません。

ときは夜中の2時45分。いざ黒船に潜入です。

すぐに数人のアメリカ人に囲まれます。

「アイアム ショーイン・ヨシダ。プリーズ！ プリーズ！ 私をアメリカに連れてって！」

とはいっていないと思いますが（笑）、不審な日本人が乗り込んできたことは瞬く間に船内に伝わります。最終的には通訳官のウィリアムズと漢字を使っての文字でのやりとり、さらに松陰は身振り手振り、全身全霊でその想いを伝えました。

「両親はあるか？」

通訳官のウィリアムズが聞いてきました。松陰は、しばし間をとって考えて「ない」と答えています。ないと答えたほうがアメリカへ連れていってくれそうな気がしたからですが、たとえ小さなウソだとしても、ウソをついてしまったことが松陰は気になっていました。どこまでも誠を尽くして正面突破したい。それが松陰という男です。


しかし、日本は鎖国をしているので、アメリカ側が勝手に日本人をアメリカに連れていったならば、徳川幕府との関係を悪化させてしまうことになります。アメリカとしても、連れていくわけにはいかないのです。

アメリカ側の航海日誌『日本遠征紀』には、このときのことがこう記録に残っています。

「ふたり共、ひどく疲れているようだった」

「その衣服はくたびれていた」

当然です。松陰は帯もふんどしも櫓を縛るために使い、ノーパンだったから、着物の下はスースーなのです。

記録はこう続きます。

「物腰も丁重で非常に洗練されていた」と。

厳しい国法を犯し、知識を増やすために、ふたりの教養ある日本人が命までかけて乗り込んできたその知識欲は、大変興味深いものである。この日本人の気質を考えると、この国の将来は、なんと可能性に溢れ、有望であることか、と。

命がけで、「学ばせてくれ！」と乗り込んでくる国民がいる国の未来は希望に満ちている、と！

しかし、結局は交渉は決裂。

「いまは君たちの希望を叶えてあげることはできない」と、アメリカ行きはならず、下田の浜にボートで送り届けられたふたりは、次第にオレンジ色に染まっていく空の下、浜で泣き崩れました。

ふたりは逮捕され、松陰と重之輔は江戸伝馬町の獄へ送られることになりました。

連行中、高輪泉岳寺前にて、松陰は歩みを止めてもらうよう願い出ました。泉岳寺とは、忠臣蔵の赤穂浪士たちが眠る寺。忠義のために、松陰と同じように、やむにやまれぬ想いで、12月14日、命をかけて決起した赤穂浪士に向けて松陰は一句詠みました。

「かくすれば　かくなるものと知りながら　やむにやまれぬ大和魂」

(こんなことをすれば、僕は捕らわれ、命を落としてしまうことだってあるとわかっている。しかし、この国を守りたいという大和魂は、やむにやまれないのだ)

自分以上に大切にしたいものがある。
それが大和魂です。

結局、松陰の密出国は失敗。松陰と重之輔は、これで死刑は確定したようなものです。

しかし、そのはずが幕府には嘆願書が届いていたのです。

あのふたりを殺さないでくれ、と。
アメリカ海軍提督マシュー・ペリーからでした。

アメリカのサムライ、ペリーは、日本のために命がけで乗り込んできた松陰と重之輔のその想いと勇気に心を打たれていたのです。

ペリーのおかげで、なんとか首を斬られることは免れたものの、罪を犯した事実は変わりません。ふたりは別々の狭い罪人駕籠《かご》に押し込められ、故郷の長州藩（山口県）の萩の牢獄へ送られることとなりました。

重之輔は、体調を崩し下痢が止まらない状況でしたが、虫ケラ同然のように扱われていました。護送人はなんの介護もしてくれず、汚物まみれのままの道中だったそう。松陰も重之輔のための着替えと薬を護送人に懇願しますが聞き入れてもらえず。松陰は重之輔を想って、自分の服を脱いで護送人に渡しますが、「師を寒さで震えさせるわけにはいかない」と重之輔は受け取りませんでした。

そんな過酷な道中をなんとか耐えて萩の獄へつきますが、身分の低い重之輔は、松陰とは別の岩倉獄へ入れられ、その劣悪な環境は続き、みるみる衰弱していきました。皮膚病から肌は化膿し、肺炎も併発し弱り果てていきました。重之輔の体調の悪化を家族からの手紙で知り、松陰は岩倉獄に最も近い小窓に向かい、大声で励ましの詩を吟じたといいます。聞こえてきた松陰の励ましに、重之輔は合掌して涙を流したそうです。

しかし、重之輔は入獄から2ヶ月たらずで病死してしまいます。不屈の魂を持つ男、吉

田松陰最初の弟子《とも》・金子重之輔、享年25。

松陰の嘆きは痛々しいほどだったといいます。

自分についてこなければ命を落とすことはなかった……。

重之輔くんを殺したのは自分だ……。

なぜ、僕だけが生き延びてしまったのだろう……。

松陰は、狭い牢獄の闇のなかでひとり、答えのでない問いに向き合い続けました。

(ちなみに、松陰は、食事から汁と菜をはぶいて、浮いた食費をためて重之輔の遺族へ送っています)

牢獄のなかで、幾日も幾日も松陰は自分を責め続けました。

僕はなぜ生きるのか……。

僕に生きる意味はあるのか……。

松陰の心は憔悴しきっていました。しかし、もがき続けるなかで、ある日、松陰は覚醒するのです。あることに気づくのです。

どんなに嘆いても過去を変えることはできない。
しかし、未来なら変えることができる、と。

未来を変えるためには、いま、この牢獄でやれることを、どんなことであれ全部やる以外ない。それ以外に重之輔くんの命に報いる方法はない。そう悟るのです。

松陰が入れられた牢獄は、生きて出た者はいないという野山獄。独房は3畳ほどで6房が中庭を挟んで向き合う12室の独居房。入っている人のほとんどが終身刑ですから、このままここで死ぬ……。そう思うのが普通です。

しかし、松陰はそんな牢獄のなかで読書を始めたのです。

松陰は、野山獄に入れられた2年の間に、1000冊もの本を読んでいます。

松陰は、重之輔の分まで生きようとしていたのです。

そして、ついに牢獄のなかで、松陰の「真骨頂」が目を覚まします。

松陰は、あろうことか、なんと牢獄で塾を始めたのです。

東進ハイスクールならぬ、牢獄ハイスクール！

獄中生活47年になる終身刑の76歳のご老人もいるなかで、当時25歳だった松陰は最年少。

そんななか、松陰は囚人の特徴を見渡してみると、書が得意な者を見つけました。松陰はさっそくその者に頼みました。

「あなたを先生として、みんなで書を学びたい」

和歌がうまい者があれば、

「あなたを先生として、みんなで和歌を学びたい」

そんな風に次々に囚人を先生にしていったのです。極悪人たちがみんな「先生」と呼ばれ始めました。


「先生！」

「先生！」

「先生！」

「先生！」

牢獄が先生だらけになっていきます。

すると、強面の囚人たちがまんざらでもないと次第に明るい表情に変わり始めたのです。

もちろん囚人たちからはこんな意見も出ました。

「松陰よ、お前のやっていることはなんの意味もない。俺たちは牢屋にいるんだ。ここで死ぬんだ。外に出られないんだ。それなのに読書したり、学んだりして、いったい何になるんだ！」

松陰の考えはこうでした。

「私たちは囚人として再び、世の中に出て、太陽を拝することはないかもしれない。たとえ学んで、その学びが進んだとしても、世間的にはなんのききめもないといえるでしょう。しかし、人間として必ず持っているものは、人として、人の道を知らず、士として士の道を知らないということを恥ずかしく思う心である。

この気持ちが誰にでもあるとすれば学ぶ外ない。

そして、知ることが、どんなに我が心に喜びを生ずるものでしょう」（『講孟余話』）

たしかに、僕らはもう二度と太陽は見られないかもしれない。

でも、死のうが死ぬまいが、学ぶしかない。

知って死ぬのと、知らずに死ぬのは違うんだ！

そこに人としての喜びがある、と。


最年少の松陰は、先輩囚人たちの長所を見出し、次々に囚人を先生に仕立てていきました。

そんななか、「松陰さん、あんたも何か教えてくれないのか？」という声がまわりからも上がり始めました。そうして初めて松陰は、牢獄のなかで孟子の授業を始めました。その授業があまりに素晴らしく、次第に役人たちも、正座をして松陰の授業を聞き始めるようになったといいます。

牢獄のなかでは、行動は自由にできませんが心は自由です。

獄なら獄で、できることをすればいい。

僕らが生きる真の目的は自らの内側（魂）に変容をもたらすことです。

だから、そこがどこだろうが、何をしていようが、本当は外側の状況は関係ないのです。

「朝起きて夜寝るまで、あるときは、感動して涙を流しながら本を読み、またあるときは、うれしくて小躍りしながら勉強した」

松陰は牢獄での生活をそう記しています。

「楽しみの人に於ける、在らざる所なし。山楽しむべく、水楽しむべし、居楽しむべく、行楽しむべし。富楽しむべく、貧楽しむべし。生楽しむべく、死楽しむべし」（『賞月雅草』）

（人はどこだって楽しめる。山でも海や川でも楽しめる。住んでいるときも、旅をしているときも、富んでいるときだって、貧しいときだって楽しむことはできる。生きていても死んでも楽しむことはできる）

牢獄だろうがどこだろうが本当は心はいつも自由自在なのです。

こうして松陰が獄入りしてから次第に、

「いま、牢獄がアツいらしい！」

と噂が立ち始めます。

こんなすごい人をいつまでも牢獄に入れておくのは惜しいと、ついには、長州藩の殿様、毛利敬親《たかちか》が、

「松陰、出したれ」

と、安政2年（1855年）の**12月15日**、晴れて牢獄を出ることをゆるされたのです。

誰ひとり、生きて出た者はいないといわれた野山獄。しかし、吉田松陰は生きて出てきました。「いま、牢獄がアツい！」という牢獄ブームまで巻き起こして。

たとえそれが自分の願った状況とは違ったとしても、いつだって、いま、ここで、できることをすることが奇跡を呼ぶのです。

この12月15日が、後に日本の夜明けの幕開けとなります。

牢獄から出てきた吉田松陰は、叔父の玉木文之進《たまきぶんのしん》が開いた私塾、松下村塾を引き継ぐか

たちで塾を始めます。

月謝は無料です。そして松陰が、入門を希望する若者たちに真っ先に聞いていたのは、

「なんのために学ぶのか？」

学ぶ理由でした。

「文字がよく読めないので本をスラスラ読めるようになりたい」

そう生徒が答えようものなら、

「なんのために本をスラスラ読めるようになりたいのか？」とまた問いました。

「本を読めるようになることも、文章がうまくなることも、そんなのはとるに足りない些細なことだ」と。

松陰は「なんのために学ぶのか？」を突きつけて、ひとりひとりに

ココロザシを立てさせたのです。

「立志」（生きる理由）

「何を目指すのか」よりも、もっと大事なのは、

「なぜ目指すのか」

なんのためにそれをやるのか？

なんのために生きるのか？

つまり、「生きる理由」です。

それはそのまま、人生を「あきらめない理由」となります。


松陰はいいます。

「世の中に本を読む人は多いのに、本物の学者がいないのは、学問をする最初の志がすでに間違っているからです」

「井戸を掘るのは水を得るためで、学問をするのは人の生きる道を知るためです。水を得ることができなければ、どんなに深く掘っても井戸とはいえないように、人の生きる正しい道を知ることができなければ、どんなに勉強しても、勉強したとはいえないのです」

また、松陰は天から授かった本性（「天性＝その人らしさ」）は、身分関係なく、どんな人も授かっているといっています。
それを松陰は**「真骨頂」**と呼んでいました。

門下生の高杉晋作《たかすぎしんさく》が他人のいうことを聞かないので、その頑固さを注意してほしいと桂小五郎《かつらこごろう》が頼んできたことがありました。しかし、松陰はそれを短所とは見ていませんでした。むしろ、その頑固さは、妥協をゆるさない高杉晋作という男の「真骨頂」(天から授かった本性)だととらえていたのです。ゆえにみだりになおしたら、ひとかどの人物にならない、と。

短所の裏側に「真骨頂」がある。

松陰はそう見抜いていたのです。
このため松陰は、10年後、自分が何かことを成すときは、必ず晋作に相談するであろうとまでいいました。

高杉晋作、その長所を磨けば、それほどの人物に成長すると予言したのです。

桂小五郎はその言葉に納得したといいます。晋作が入門してきたときも、その第一印象で、松陰は晋作の根っこを瞬時にとらえています。

晋作が書いた詩文集をじっくり眺めたあと、松陰は晋作にこう伝えています。

「久坂《くさか》さんのほうが優れていますね」

松下村塾・四天王のひとり、久坂玄瑞《くさかげんずい》にライバル心を起こさせることで、晋作の負けん気の強さを引き出して学問に励ませるためでした。見事に松陰のおもわくにはまり、晋作は久坂に負けじと短期間で大きな飛躍を遂げました。

また、16歳の新人、馬島春海《ましまはるみ》が、松下村塾に入塾した初日のことも松陰の精神をよく表しています。

入学初日、春海少年は、あたふたしながらも松陰にこう挨拶をしました。

「謹んで、ご教授をお願いいたします」

すると松陰は、16歳の新人門下生に対してこういったのです。

「教えることはできませんが、共に講究していきましょう」

当時は封建時代。人間関係は上下関係をとても重んじた厳しい縦社会です。しかし、松陰は、この身分差別を嫌い、当時の常識をうち破り、身分をすべて無視。

門下生同士を**「対等の友」**とし、重視されていた上下の縦の関係を、横の友の関係に変えたのです。だから自身も、生徒のことを弟子といわずに友人として「諸友」と呼びました。

私は先生ではない。友だ、と。

だから門下生を呼び捨てにせず「〜さん」と呼びました。

「高杉さ〜ん」と。

「先生など存在しない。互いに教育し合いながら、前へ進めばいいのだ」

私のことを「僕」、あなたのことを「君」と呼び出したのも、実は吉田松陰が最初です。本来、漢文では僕とは「しもべ」のこと、君とは「主君」のこと。どんな相手だろうが、自分を下において、相手を主君として立てて付き合うために呼び名を開発したのです。

このような考えは当時では革命的でした。士農工商とガチガチに身分が決められ、身分が違えば、どんなに好きになっても結婚もゆるされず、職業選択の自由もなかった時代。にもかかわらず、松陰は松下村塾に集まってくる塾生たちの身分を問いませんでした。「ココロザシあれば身分は一切関係ない」と。

人はみな平等である。

ギシギシの封建時代の最中、なぜ、松陰はそう思えたのでしょうか？

実は、松陰が、この発想を完全に自らのものとしたのは黒船潜入で失敗し、入れられた牢獄のなかの、ある出会いからでした。

吉田松陰が黒船潜入に失敗し入れられた野山獄には、高須久子《たかすひさこ》という女性がいました。このとき松陰25歳、久子37歳。

高須久子は３００石の高須家の跡取り娘でした。養子に迎えた夫が早く亡くなったこともあり、彼女は三味線などに興味を覚え、町の三味線弾きをたびたび家に呼んで演奏させていました。問題になったのは、演奏家が士農工商にすら属さない被差別部落民だったことです。封建時代の当時としては、これはタブーであり、ゆるされないことでした。

「武士が被差別部落民と交際するとはけしからん」

そう身内の者に訴えられて、高須久子は獄に入れられてしまったのです。裁判の記録によれば、高須久子は町の三味線弾きの人々に対して、**「すべて平人同様の取り扱いをした」**とたびたび述べています。

身分は関係ない。すべて平等に接する。

当時としては革命的な考え方をする高須久子と吉田松陰は、牢獄で出会ったのです。

自由な心を持つふたり、牢獄のなかで次第に心を通わせていきます。

そんななか、松陰は幕府の評定所から呼び出しがかかり、取り調べを受けるために江戸へ移ることとなりました。江戸へいったらもう二度と会えないであろうことを、ふたりは感じていました。

吉田松陰、高須久子、別れの直前に、萩の牢獄でふたりが交わした歌が残っています。

「手のとわぬ　雲に樗《おうち》の　咲く日かな」高須久子

（あなたはついに、手の届かないところへいってしまうのですね）

そして、久子はてぬぐいを松陰へプレゼントしています。

松陰も歌で返しました。

「箱根山　越すとき汗の　出やせん　君を思ひて　ふき清めてん」吉田松陰

（江戸へ向かう箱根山。そのてぬぐいで汗をふきます。あなたのことを想って）

「一声を　いかで忘れん　郭公《ほととぎす》」吉田松陰
（あなたの最後の一声をどうして忘れられようか……あなたとの思い出を決して忘れない）

後に、高須久子の歌が刻まれた茶わんが見つかります。

茶碗には松陰への想いが溢れ、末尾に「久子　六十九才」とありました。松陰の死から27年後につくられた茶碗。久子は69歳になっても、松陰のことを忘れていなかったのです。

これは、恋といっていいのではないでしょうか。


吉田松陰、最初で最後の恋……。


吉田松陰……。

首をはねられるのは覚悟の上で、日本の未来のために黒船に乗り込んだ。しかし思い叶わず牢獄へ入れられた。でも、そこで待っていたのは、当時は反骨的ともいえた「人はみな平等」という信念を貫いた女性、高須久子との運命の出会いでした。

「人はみな平等」という思想は、吉田松陰の世界観として受け継がれて、松下村塾でも見事に身分の垣根がとっぱらわれています。

わずか2年ほどしか存続しなかった、吉田松陰の田舎の小さな松下村塾から、革命家・久坂玄瑞、高杉晋作を生み出し、伊藤博文《いとうひろぶみ》、山縣有朋《やまがたありとも》という、ふたりの内閣総理大臣まで輩出しています。

田舎の小さな塾から総理大臣をふたりも出したら、その塾はなんなんだとなりますよね？

そんな伝説の塾が松下村塾なのです。

さらに名をあげるなら、内務大臣になった品川弥二郎《しながわやじろう》、野村靖《のむらやすし》

司法大臣となり、また日本大学と國學院大學を創立した山田顕義《やまだあきよし》

外務卿として条約改正に活躍した井上馨《いのうえかおる》

初代長崎造船局長となった渡辺蒿蔵《わたなべこうぞう》

現在の東京工業大学の初代校長、正木退蔵《まさきたいぞう》など、

小さな田舎塾から、目が眩むほどキラ星のごとく偉人を輩出しています。

しかも、塾のリーダー格の人間は明治維新前に、ほとんど戦死しているにもかかわらずです。

この時代、萩では裕福な家の子は明倫館に通います。だから、松下村塾に通うのは、歩いて通ってこられる範囲の、身分の低い田舎のご近所さんばかり。しかしご近所さんたちは、吉田松陰と触れたことで続々と生まれ変わり、歴史に残る偉人に成長していったのです。

いうなれば、萩市3丁目の皆様が日本を変えてしまったのです。

3丁目っていうのはたとえですけどね。

すべての人に「真骨頂」がある。

松陰が心からそう信じていたから、3丁目の住人が続々、偉人になっていったのです。

だから、3丁目っていうのはたとえですけどね（笑）。

ちなみに、いまでも、山口県の小学校では、松陰の言葉を毎朝唱和しているところも多くあります。さらに、山口県では、

『月刊　松下村塾』

なる雑誌が2006年まで売られていました。月刊って……。

吉田松陰が松下村塾で教えたのはわずか2年。そのあとは、また萩の野山獄に戻されて

います。

放っておくと、松陰はすぐに命がけで幕府を倒そうと行動を起こすので、長州藩からしたら、あぶなっかしく、松陰を再び牢屋に戻してしまうことになったのです。


牢屋のなかで、松陰は松下村塾の門下生たちに「なんでみんなこの国のために動こうとしないんだ」と嘆きます。牢屋のなかでは松陰は動きたくても動けないからです。一方、門下生たちにも言い分はあります。隙あらば命をかける男、無謀に暴走する松陰についていけなくなってきていたのです。あれだけ心を共にした門下生たちのなかでも、高杉晋作をはじめ、松陰と距離を置くようになった者もあらわれます。この時期、松陰は、多くの門下生たちに絶交宣言をしています。

歴史に残る大活躍をした松下村塾の門下生たちも、最初から覚悟を決められたわけではないのです。松陰は、牢獄のなかで再びひとりとなりました。

牢獄のなかで、打つ手がなくなった松陰は、ある日、こういいました。

「みんな（松下村塾の門下生）が動いてくれるまで、僕はもう飯を食わない。断食する。

これで死ぬなら僕に天命はない」と。

みんなが動いてくれるまで、自分は食べないといい出し、松陰の断食が始まりました。でも時代はまだ熟しておらず、門下生たちも松陰の気持ちが痛いほどわかりながら動くに動けない状況でした。とはいえ、松陰の決死の断食は続きます。そんななかに、母、滝からの手紙が届きます。


母の滝は、松下村塾に通う門下生たちに、どんなときも家族同様に接していました。弁当を持参できないくらい貧しい子どもたちには食事をもてなし、破れた服を縫い、お風呂の世話もしていました。

ちなみに松陰は、足のあかぎれがひどく湯がしみるので、風呂上がりは、抜き足、さし足のようにゆっくり歩いていたそう。泥棒のように歩く松陰を見た母の滝は、即興でこんな狂歌をつくって笑いこけたといいます。

「あかぎれは　恋しきひとの　かたみかな　ふみ（恋文《ふみ》、足を踏むにかけている）見る度に　会いたく（あ痛にかけている）もある」

松陰の母、滝はとても知的でチャーミングな人だったのです。太鼓をたたくのが得意で、樽を太鼓がてらにたたき、それに合わせて少年時代の松陰は踊っていたそう。

その母から手紙が届きます。

「牢屋にいても、あなたが生きていると思うからこそ、私の生きる励みになっています。だから断食でご飯を食べないなんていうことはもう止めてほしい。どうか生きながらえてほしいと祈らずにはいられません。この母の為にも、ご飯を食べてほしい。もう何度も何度もお願いするばかりです」

この手紙には、松陰の好きな干し柿が添えられていました。手紙を読んで、松陰は号泣したといいます。そして、ご飯を食べるようになったものの残念ながら、このとき松陰の運命は消え入る寸前でした。幕府から呼び出しがかかり、松陰は萩から江戸の評定所へ送られることになりました。

江戸への出発前夜、松陰は自宅に帰ることがゆるされ、母である滝はお風呂で松陰の背中を流し、「必ず帰ってきますよね?」と尋ねています。松陰は、「大丈夫ですとも母上。必ず生きて帰ってきます」と答えています。

旅立ちの朝。吉田家の養母が声をかけました。

「松陰さん、私に何か一筆書き残してください」

松陰は筆を取り出してこう書いています。

「かけまくも　君が国だに　安かれば　身をすつるこそ　賎《しず》が本意也《ほんいなり》」

（この国が安全に栄えるのであれば、私の命など捨ててもよい）

これが、吉田松陰の「生きる理由」です。

昨晩、母には、必ず生きて帰ってくると約束したばかりなのに、すっかりそのことは忘れているのです。


自分の命のことは、すぐに忘れる男、ショーイン・ヨシダ健在なり。


江戸まで取り調べで呼ばれたのは、幕府を批判し「安政の大獄」で逮捕された梅田雲浜《うめだうんぴん》が、萩で松陰に会ったことを話したためでした。雲浜と何を話したのかを問われたのです。

「なんだ、そんなことだったのか」

松陰はほっと胸をなでおろしました。松陰は梅田雲浜と深いかかわりはなかったからです。

しかし、松陰は、いまこそ、この胸のうちのココロザシを幕府の膝元で告げ、真正面からこの国を変えるチャンスだととらえたのです。こんなときでも、松陰が考えるのは、自分の命のことではなく、一番大事にしたい日本のことでした。そして、聞かれてもいない、自身の想いを語り始めたのです。

放っておくと、すぐに命をかける男ショーイン・ヨシダ健在なり。

松陰は、役人たちを目覚めさせるために、いま、どうすべきなのか、時局に対する幕府の判断への批判を交え、堂々と持論を語り始めたのです。

「至誠にして動かざる者は未だこれ有らざるなり」

(自分の誠を尽くして説いて、動かない人がいるだろうか)

一途に誠を尽くせば、開けない道はない。それが松陰の信念だったからです。

ついには、志士らに弾圧を加える幕府の老中、間部詮勝《まなべあきかつ》を要撃し、幕府に反省を求めようとする自らの内なる計画までをも明かしてしまった。松陰の赤裸々な告白に役人は顔が青ざめるほど震え上がります。

徳川幕府260年の歴史のなかで、これほど真正面から幕府批判をしたのは、吉田松陰ただひとりです。

「貴様、幕府に歯向かうつもりか!」

松陰の想いは幕府に届くはずがありませんでした。危険人物として即刻処刑されることが決まったのです。

自らは何ごとも成すことはできず……。

松陰は30歳で死刑が宣告されました。

処刑されることを知ったとき、松陰が残した句は

「親思う　こころにまさる　親ごころ　けふのおとづれ　何ときくらむ」

(自分が親を思う気持ちよりも、親はもっと自分を思ってくれているであろう。今日の死刑の知らせ、母はどう思うだろう)

そして、10月27日正午少し前。

その日は富士山がくっきり見えるくらい江戸は晴れ渡っていたそう。松陰は、まったくとりみだすことなく悠々と歩み寄り、服装を正し、そして首斬り役の役人が、首を斬り落としやすいように首を自ら静かに前に傾けたといいます。

松陰は江戸へ出発前夜、お風呂での母との約束を守り戻ってきました。

「母上、ただいま帰ってまいりました」

松陰は元気な笑顔で母、滝にそういいました。

近年、松陰のそんな明るい姿はまれで、滝は喜んで「まあ、珍しい」と声をかけようとしたそのときに、夢から覚めたといいます。

それから20日あまりして、吉田松陰処刑の知らせが届きました……。

滝が夢見たのは……息子、松陰のちょうど死刑の時刻であったそうです。

首斬り役の山田浅右衛門《あさうえもん》は、後にその様子をこう回顧しています。

「いよいよ首を斬る刹那の態度は、実にあっぱれなものであった。悠々として歩き運んできて、役人どもに一揖《いちゆう》し、『御苦労様』といって端座《たんざ》した。その一糸乱れざる堂々たる態度は、幕吏《ばくり》も深く感嘆した」

松陰は、自身がいう**「日本武士」**として、30年の人生を生ききったのです。

実は、首斬り役の者には、処刑される者の氏素性《うじすじょう》は伝えられていません。だから、誰かはわからないのですが、山田浅右衛門は、この日の罪人の態度に深く感動し、後に日付から吉田松陰その人であったとわかったのです。

松陰の死を知り、江戸伝馬処刑場に駆けつける吉田松陰の門下生たち。

しかし、そこに待っていたのは……。

粗末な棺桶のなかに無造作に入れられた、首のない、裸のままの松陰の遺体でした……。

胴体と離れ、ドス黒く血に染まった首……。

松陰の遺体は、樽のなかに血に汚れたまま無造作に投げ込まれていたのです。

門下生たちは、声をあげて泣きながら、首を取り出して乱れた髪を束ねました。そして水を丁寧にかけて顔や体を清めました。すると役人が投げつけるように「これがお前たちの師の辞世の句だ」と松陰の句を渡しました。

「身はたとひ　武蔵の野辺に　朽ちぬとも　留めおかまし　大和魂」

（僕の体は、武蔵の地（関東）にいま滅んでゆく。しかし僕の大和魂は、この地に残していく……）

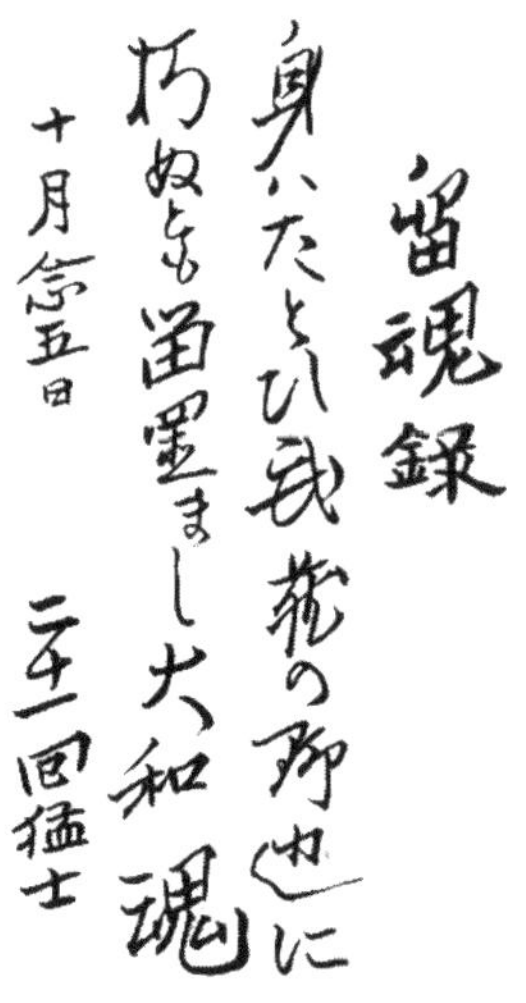
留魂録
身はたとひ武蔵の野辺に
朽ぬとも留置まし大和魂
十月念五日
二十一回猛士

松陰は最後に、自らの命をもって門下生たちに突きつけたのです。

「僕は自分の本心ど真ん中を生ききった。
君たちはどう生きるんだ？」と。

門下生たちは、こう感じました。

「留めおかまし大和魂ということは、この国を僕らが変えるまでは、松陰先生の魂は成仏しないということだ」と。

松陰は、いつもこういっていました。

「知るだけではダメだ。知ったことを実行することが大事だ」

松陰は、その言葉通り、ただひたすら忠実に自分の本心にそって行動し続けたのです。

「身はたとひ　武蔵の野辺に　朽ちぬとも　留めおかまし　大和魂」二十一回猛士

松陰のダイイングメッセージとなった和歌。

和歌の最後に、名は吉田松陰ではなく、「二十一回猛士」と記していた。

吉田松陰は「吉田」という漢字を「二十一回」と分解していました。吉田の吉の「士」を「十一」と読み、「田」のなかに「十」を見出し、「十一」＋「十」で「二十一」。さらに「口」と「田」という字のなかにふたつの「口」を見出し「回」と紐解き、自分は日本のために「二十一回」命をかけるんだという覚悟から自らを「二十一回猛士」と名乗るようになっていたのです。死に臨んで墓碑銘にはこの文字だけを彫るようにというのも松陰の遺言でした。

松陰は遺書として死刑になる2日前から、牢獄のなかで門下生に宛てた約五千文字の『留魂録《りゅうこんろく》』という遺書を書きました。

その遺書に、牢獄のなかで出会ったある囚人の言葉に深く胸を打たれたと書いています。

その言葉とは……

「玉となって砕けるとも、瓦となって命を長らえてはいけない」

牢獄には、松陰のように新しいニッポンをつくろうと想いを持って行動し、牢獄に入れられた者も他にいたわけです。


遺書にはこんな一文もあります。

「一度破れたからといって挫折してしまうのは勇士とはいえないのではあるまいか。同志諸君、切に頼む。頼むぞ」

この一文に松陰の想いが刻まれています。

吉田松陰は、常日頃から
「武士は『守死』であるべきだ」

といっていました。

「守死」とは常に死を維持していることです。

人は必ず死にます。何も成さなくても死にます。

ならば、本当はどう生きたいのか？

なんのために、この命を使うのか？

いつも、そのことから軸をぶらさずに生きよ、ということです。

松陰は、その通りに生ききりました。

松下村塾、四天王のひとり、松陰より9歳年下の高杉晋作（当時21歳）は、松陰の死を嘆き、空に向かって声にならない声で叫んだ。


「徳川幕府！　見てろ！　必ず、僕がぶっ倒す！」


高杉晋作はこのときの想いを藩の上役・周布政之助《すふまさのすけ》宛の手紙に残しています。

「ついにわが師は幕府の役人の手にかかって殺されてしまいました。僕は松陰の弟子として、必ずこの仇を討つつもりです」

最後に、吉田松陰が松下村塾の床柱に刻んだ言葉を紹介します。
「一万冊に及ぶほどの本を読んで勉強しなければ、
千年の歴史に名を残すような人となれようか。
自身の労をおしまず積極的に働くような人でなければ、
どうして天下の人々を安らかにできようか」
吉田松陰は、千年の歴史に名を残す決意で生きていたのです。

自非軽一己勞安得致兆民安

WORK

墓碑銘（人生のゴール）を決める

なんのために生きるのか？

なぜ、それをするのか？

何を成すために生きるのか？

あなたが生きることで、どう世界は良くなるのか？

あなたが生きることで、誰が笑顔になるのか？　どんな人が幸せになるのか？

これらの答えは、もちろん時期によって変わっていいのですが、一度真剣に向き合ってみることはとても大切です。

一生涯、「なんのために？」という問いを自分に向け続けたのがショーイン・スタイルです。


なんのために生きるのか？

誰にとって、どんな存在でありたいのか？

あなたがこの人生で大切にしたいことはなんでしょう？

それらを踏まえた上で、人生最後の日に、あなたの人生はどんな人生だったと、墓碑銘に刻まれたいでしょうか。この機会に言語化してみましょう。

墓碑銘を決めるとは、「人生のゴール」（行き先・方向性）を定めることです。

カーナビも「行き先」を入力しないことにはたどり着きません。


参考までに、ひすいこたろう、僕の墓碑銘例をあげておきます。

「その四次元ポケットから、『未来の考え方』を多数取り出し、この星をめっちゃ面白く進化させた男、ここに眠る」という意味で、まとめると、「この星のドラえもん、ここに眠る」です。

YOUR GRAVE

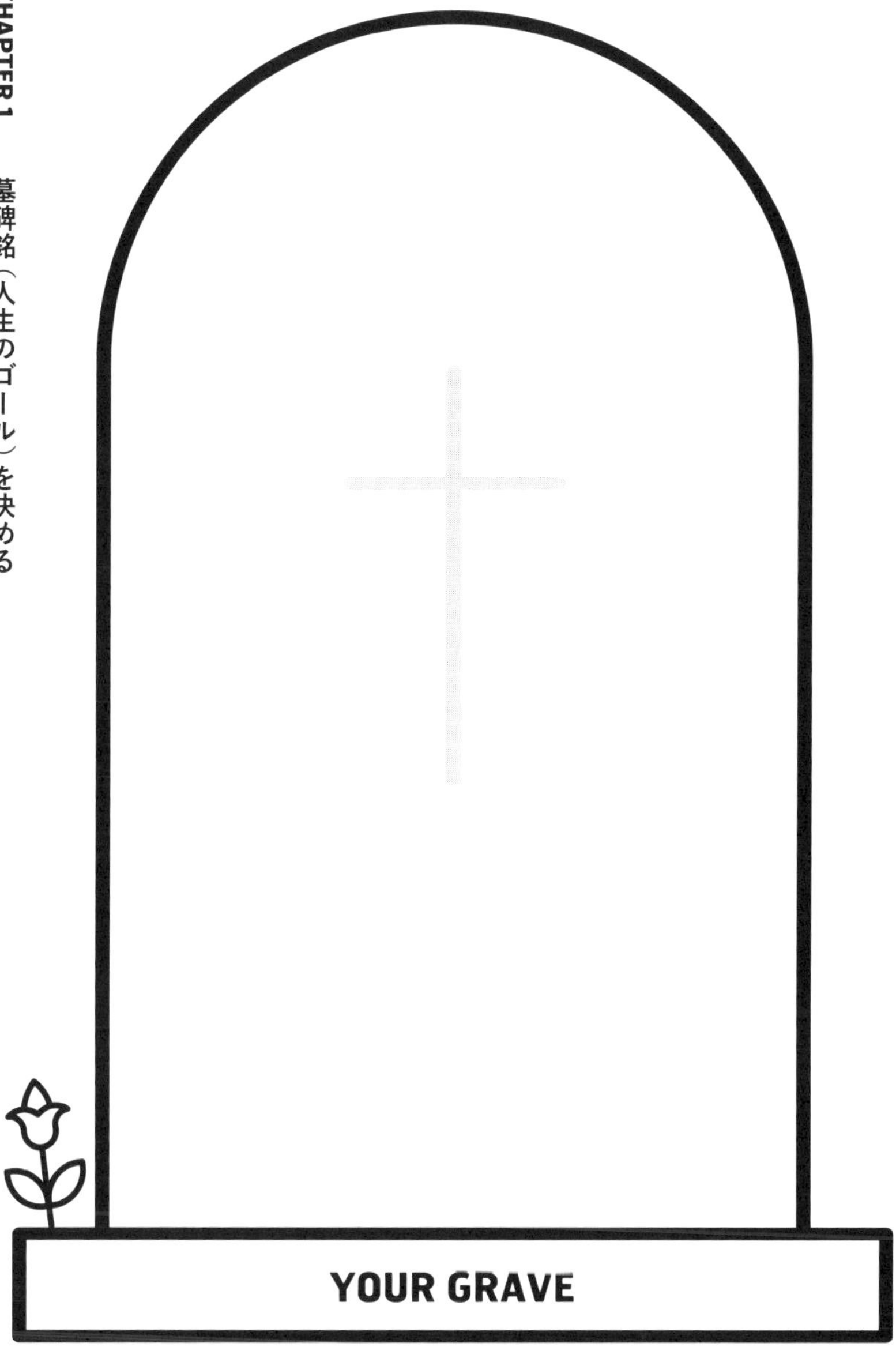
YOUR GRAVE

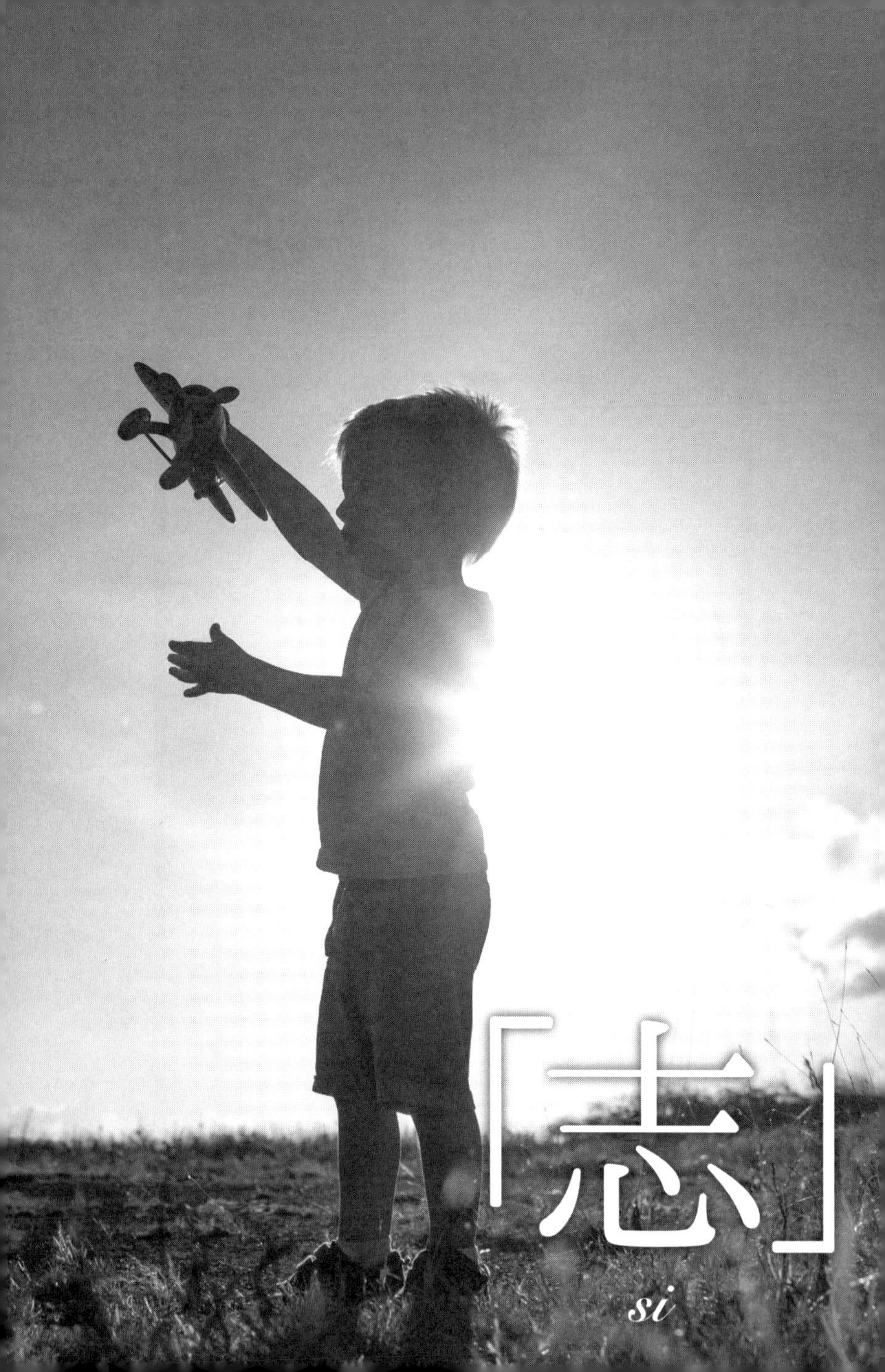
「志」
si

The readiness is all.
覚悟がすべてである。

シェークスピア『ハムレット』

♪「tales of purefly」MAN WITH A MISSION

第2章 SUCCESS

高杉晋作

15万人 vs 1人。
「たったひとりでもやる！」と、
覚悟を決めたチャラ男・高杉晋作《たかすぎしんさく》。

SHINSAKU
TAKASUGI

英語の「success」(成功)の動詞は「succeed」。

意味は「引き継ぐ」です。

真の「成功」とは、「引き継ぎ、受け継がれていくもの」だってことです。

そして、受け継がれるものは「ココロザシ」です。


松陰の早過ぎる死は、一見、不幸に見えます。

でも、本当にそうでしょうか。

松陰のココロザシがどのように受け継がれていったかを見ていくと、ココロザシの本質が見えてきます。

ココロザシとは川の流れのよう。

肉体は死にます。しかし、ココロザシは途ぎれることなく受け継がれ、時間はかかっても、ちゃんと最後には海にたどり着きます。では、松陰のココロザシがどのように大海にたどり着いたのか一緒に見ていきましょう。


明治維新を成し遂げた者たちには共通点があります。

それは、虐げられていた、身分の低い若者たちが原動力となったということです。
それは当然です。恵まれている環境の者が、その恵まれた環境を自ら壊したいと思うはずがないからです。実際、松下村塾に通ってきていた若者たちも、身分の低い家の者たちが多かった。ただひとり、例外をのぞいて。

例外、それが高杉晋作です。

高杉家は、上士に準ずる家柄で、代々、殿様である毛利家に仕えていた誇り高き名家。晋作はいわゆるおぼっちゃまだったのです。

「松陰先生の仇は必ず討つ！」

そう息巻いた晋作ですが、松陰が亡くなったとき、晋作はまだ若干21歳のおぼっちゃま。しかも、250年以上も王者に君臨していた徳川幕府が倒れるなど、このとき、誰もが想像していない時代です。
そこに、おぼっちゃまが挑むのです。

高杉晋作。現存する写真からもわかりますが、痩せてほっそりしたタイプで、なで肩。身長は160センチ。当時の平均身長よりも高いのですが、身長にコンプレックスがあったのか写真を撮るときはいつも椅子に座っています。

小さい頃は、何かあるとすぐに熱を出して寝込んでしまうような虚弱体質で、風邪もよくひきました。だから、よけい大事に過保護に育てられたようです。

そんな晋作ですから、親にだけは絶対的に頭が上がらなかったのです。サムライは忠義を尽くすことを教育としてたたき込まれるものですが、晋作の家はそれが徹底していたのです。

おじいちゃんも健在だったので、親からもおじいちゃんからもダブルで監視され、晋作は厳しくしつけられました。毛利家の殿様へ忠義を尽くし、何事もお家大事に奉公を怠るなという教訓を毎日繰り返されたのです。

そんな晋作は、松下村塾の仲間たちからは、**「晋作は口ばかりで何も行動をしない」**と非難されていた孤独の時代もあります。たまりかねた晋作は、その言い訳を、同志であり晋作を松下村塾に誘った久坂玄瑞に手紙で告白しています。

「僕の父は、日夜僕を呼びつけては俗っぽいことをいう。父のことゆえ、どうするわけにもいかない。祖父もことあるごとに僕を呼び、『大それたことをしてくれるな』というものだから、松下村塾に隠れて通っているほどです。でも、親にそむく心にはなれないんです。とはいえ、天下のことを想えば、じっとしておれず、大いに心中苦しんでいます。いたずらに議論ばかりして何ひとつ実行がともなわない自分に赤面の至りです」

父に逆らえば、親不孝者になってしまう。それは忠義を重んじるように口すっぱく育てられた晋作にとってはタブーであり、動くに動けない鎖になっていたのです。そして時代は封建時代。そうするのが当たり前の世の中でした。ましてや晋作の場合は、誇り高き名門の家柄ですからなおさらです。

松陰の死後、江戸から萩に戻ってきた晋作には結婚話が持ち上がっていました。晋作はまだ22歳。「結婚は30歳を越えてからでいい。それまでは独身を貫く」とまわりにもいっていた晋作ですが、やはり親にだけは頭が上がりませんでした。

晋作は高杉家を継ぐひとり息子。師の吉田松陰はそのこともわかっていたので、生前、松陰は晋作に嫁を迎えるのも大切なことだと諭していました。そんなこともあり晋作は、同じく高杉家に匹敵する家柄であり、萩城下屈指の美人といわれた、まさと結婚します。まさ16歳、当時の結婚適齢期です。

Dear ショーイン先生。
結婚はしましたが、仇は必ず討ちます。
もうしばらくお待ちください。

まず、晋作は軍艦、海軍に興味を持ちます。これからの時代、軍艦の役割が大きくなっていくであろう。そこで幕府の軍艦教授所に入学し、蒸気科を学ぼうとしたのです。そんななか、晋作は運よく藩の海軍士官見習に選ばれ、江戸を目指して太平洋の荒波に挑む遠洋航海に出ることになったのです。このとき、晋作は「東帆録」というタイトルをつけて日記を書いていきます。しかし、この航海が逆風や大雨に見舞われ激しく揺れて、江戸まで60日もかかってしまいました。そのせいか、晋作の日記も途中で突然終わっています。

晋作はこの航海で、大事な気づきを得ています。

「俺、船酔いすごいし、船苦手かも……」

そして晋作は、念願だった幕府の軍艦教授所への入学をまさかの辞退。

Dear ショーイン先生。

仇は討ちます。

しかし僕は船が苦手だとわかりました。

船以外でがんばります。

もうしばらくお待ちください。

海がダメなら、剣だ！

そうだ、俺は剣と文学で身を立てよう。

そこで、晋作は江戸から萩へまっすぐに戻らずに各地で修行をかねて、剣の腕を試しながら帰ろうと決めたのです。

カッコいい日記のタイトルも考えました。

「試撃行日記」

高杉晋作。軍艦は挫折しましたが、剣には自信があります。事実、晋作は柳生新陰流免許皆伝の持ち主でした。しかし……。晋作、武者修行でことごとく敗れています。次第に、晋作の日記も勝ち負けは書かず、「終日試合」というような投げやりな書き方になっていきます。晋作は気づき始めたのです。

「俺、剣もイケてないかも……」

「試撃行日記」の最後のページには**「雨、未だ晴れず」**と記されています。まさに、晋作の気持ちがその一行にあらわれています。

Dearショーイン先生。

仇は討ちます。

しかし、僕は剣もイケていませんでした。

もうしばらくお待ちください。

さて、そうこうするうちに、晋作に上海行きの話が舞い込みます。晋作当時24歳。師匠の松陰は、命がけで自らの目で海外を見てこようと黒船に乗り込んだ男です。晋作もこの目で海外を見たいと熱望していました。そんななかチャンスが舞い降り、晋作は上海の街に降り立つのですが、そこで衝撃を受けて立ち尽くします。

日本の教養人たちにとって清（中国）は憧れの国でした。漢字や儒教、たくさんの文化の恩恵を受けていたからです。その大国である清が、イギリスはじめ欧米列強に、貿易の主導権を握られて、外国人たちに奴隷のようにこき使われていたのです。ステッキで打倒されている清の国民のみじめな姿もしばしば目にしました。イギリスがつくった橋をわたるときには現地の清国人は通橋料を取られていました。自国の橋にもかかわらずです。

清がイギリスに完膚なきまでに敗れ、植民地にされた惨状を目の当たりにして、晋作は最悪の日本の未来が見えたのです。

「日本は絶対にこうなってはいけない」と晋作の魂に火がともったのです。

革命に身を捧げることを改めて決意できたのです。

当時、日本では、「攘夷《じょうい》、攘夷」という叫び声が広まっていました。「日本にくる外人を追い出せ」という考えです。

実際、この翌年、長州藩は関門海峡を通過する外国船を砲撃し、攘夷を決行しますが、晋作は中国の惨状を見て、西欧列強の圧倒的な武力を前に「攘夷は絵に描いた餅だ」と、このとき、はっきり気づいたのです。

「攘夷、攘夷」と叫んでいるだけでは、日本も間違いなく清と同じように植民地にされることだろう、と。しかし、清へ同行した幕府の役人たちは、そんな危機感を覚えることもなく、旅館の部屋が狭いだのでケンカをし始める始末。晋作はこのまま幕府に日本を任せていたら、大変なことになるという想いをいっそう募らせます。

2ヶ月に及ぶ上海滞在で、晋作はひとつ確実に脱皮しています。帰国するのに立ち寄った長崎で、オランダ商人から蒸気船を買う契約を結んでいるのです。しかも、晋作の独断で。

「必要と思ったから勝手に契約しちゃいましたけど、いいスよね？」

チャラ男、高杉晋作、いよいよ本領発揮です！

これは24歳の新入社員が、必要だからと上司に無断で、いきなり自社ビル建築の契約をしてきたようなものです。それだけ晋作は上海の惨状を見て、「このままでは日本は欧米列強に侵略される。なんとかしなければ」と危機感を募らせていたのです。

しかし、当然、藩はこの契約を認めず、役人たちは晋作に非難ゴーゴーで契約は破棄。

晋作はこの対応にキレます。

蒸気船一隻買うのにビクビクしていたのでは、何事も成せるわけがない。これでは徳川幕府の支配下を抜け出し、下関を開港して世界を相手に貿易して、長州独立国を目指す「長州大割拠」など夢のまた夢だ。これからは、必ず蒸気船が必要になる。そんなことすら見えていない藩にあきれて、晋作はなんと「もうこんな藩に頼らず、俺はひとりでもやる」と父に手紙を書き、脱藩しようとしたのです。

「私は親不孝者になります」と宣言し、どうしてもやらなければいけないことがあると、晋作は脱藩を決意。これは、どんなときも家に歯向かうことだけはしなかった晋作にとって革命的な事件です。

当時は「お家」が絶対という封建時代。ましてや晋作の家は、代々、毛利家を支えてきた名門の家柄なのです。晋作もそれが幼少の頃から誇りだった。だからこそ、その家を裏ぎることなど、これまでどうしてもできなかったのです。

しかし晋作は、中国の惨状を見て、これまで自分を守ってくれた家柄という絶対的な誇りを断ちきり、家を捨て、禄《ろく》を捨てると決めたのです。

このときの晋作の気持ちをあらわした一句があります。

「親も妻も　遺《のこ》して独り　伊勢詣り」

伊勢にお詣りにいくという話ではなく、すべてに別れを告げ、僕は、たったひとりで天と向き合う。そんな気持ちだと歌っているのです。

何者でもなくなった晋作は、まずは水戸出身の儒学者・加藤桜老《かとうおうろう》のもとを訪ねています。するとと、「あなたのような藩に大事にされている人が自分から藩を飛び出すなんて、とんでもない心得違いだ」とたしなめられ、急に自責の念にかられ反省し、なんと晋作は藩邸にすごすごと引き返しています。

「すいません。やっぱり、脱藩辞めました……」

Dear ショーイン先生。

親のいうことに逆らうのは、やっぱり僕にはできません。
でも松陰先生、いつか必ず、仇は討ちます……。

忠義を守りたい気持ちと、このままでは日本はダメになるという矛盾のせめぎ合い、葛藤にいつも悩んでいたのが高杉晋作でした。しかし、一度は脱藩すると決めたことで、晋作を縛っていた鎖は解けかけていたのです。このあと、晋作は今度こそ本当にすべてを手放し脱藩しています。

しかし！　しかし！　しかし！　しかし！

あっさりと捕まり牢獄。
あの、吉田松陰の入った野山獄へ入れられてしまいます。

ドンマイ晋作！

Dear ショーイン先生。

いよいよこれからと思ったんですが……
逮捕されて牢に入れられちゃいました。

かつては松陰先生が入れられていた野山獄。その獄中で、晋作は静かに読書を始めました。日頃、本など読まない晋作は牢獄で読書三昧の日々を過ごします。そんな晋作を理解できない囚人からは、「死罪になれば、すべてが水の泡じゃないか」とののしられますが、晋作は、「松陰先生の教えに忠実に従っているまでだ」と返しています。

晋作は牢獄で、こんな一句を残しています。

「先生を　慕うてようやく　野山獄」

牢獄で晋作は松陰の兄から頼まれた、松陰の文章の校閲や筆写も始めています。松陰の遺言に、「自分の言動を記録として残してくれることが最大の供養だ」というものがあったからです。野山獄で晋作は日々、吉田松陰の言葉と向き合ったのです。

松陰が処刑される直前に牢獄で書き上げた『留魂録』の第八節で、こう死生観について語っています。

「私が死を目前にして、平穏な心境でいられるのは、春夏秋冬の四季の循環に自分の人生を重ね合わせたからである。

春に種をまき、夏に苗を植え、秋に刈り取り、冬にそれを貯蔵することで四季は巡っていく。秋、冬になると農民たちは収穫を喜び、酒をつくり、甘酒をつくって、村々に歓声が満ち溢れるのだ。収穫期を迎えて、その年の労働が終わったのを悲しむ者がいるというのを私は聞いたことがない。

私は三十歳でいま、まさに生を終えようとしている。

いまだひとつも事を成し遂げることなく、このままで死ぬというのは、花を咲かせず、実をつけなかったことに似ているから、惜しむべきことなのかもしれない。

だが、私自身について考えれば、やはり花咲き実りを迎えたときなのであろう。なぜなら、人の寿命には決まりはない。農事が四季を巡って営まれるようなものではないからだ」

「私は三十歳、四季はすでに備わっており、花を咲かせ、実をつけているはずである。それが単なる籾殻《もみがら》なのか、成熟した粟の実なのかは私の知るところではない。もし同志の諸君のなかに、私のささやかな真心を憐れみ、それを受け継いでやろうという者がいるなら、それはまかれた種子が絶えずに、穀物が年々実っていくのと同じであり、収穫のあった年に恥じないことになるであろう。

同志諸君よ、このことをよく考えてほしい」

松陰先生の言葉ひとつひとつが、晋作の渇いた心に染み入るようでした。

松陰は生前、**「人の精神は瞳にあらわれる」**といっていました。

晋作は松陰の果てしない奥行きを感じさせる眼差しを、ありありと思い出していた。

晋作は、松陰の言葉を獄舎の壁に書いて毎日眺めていました。晋作は知らなかったようですが、くしくもそこは野山獄・北局第二舎。10年近い歳月をはさみ、かつては師匠の松陰が同じように読書をしていたまさに同じ牢で、晋作は改めて松陰のココロザシと向き合っていたのです。

実は、これ以降の晋作は、松陰が乗り移ったかのごとく生まれ変わったように精彩を放ち始めます。吉田松陰の想いがそのままに残る同じ牢獄で、高杉晋作の真骨頂がついに目覚めたのです。

時代もまさに風雲急を告げていました。最悪の状況が長州藩を襲っていたのです。長州藩は、新しい時代を生み出そうとこれまでイケイケで進んできたのですが、京都での勢力争いから起きた武力衝突、「蛤御門《はまぐりごもん》の変」で幕府側に敗れ、天皇のいた京都御所から追放処分を受けていました。

さらに、攘夷を決行して外国船を砲撃していた長州藩の馬関（現在の下関）に、イギリス、フランス、アメリカ、オランダ4カ国連合が、押し寄せてきたのです。

イギリス、フランス、アメリカ、オランダ vs ヤマグチケン（長州藩）です。

17隻もの艦隊、大小の砲228門がいっせいに火をふき、瞬く間に長州陣営は壊滅状態におちいりました。

それはそうです。列強4カ国連合に対するは山口県一県なんですから。ボコボコにされた長州藩は攘夷戦の即時停止を決めました。完全敗北です。

列強4カ国に対する敗戦処理の交渉、これはよほどのタフな精神がなくてはきり抜けられないでしょう。さて、その交渉を誰がやるのか?

このとき、松下村塾の四天王といわれた男たちは、一人をのぞいて、みんな命を落としていました。松下村塾四天王、久坂玄瑞、入江九一《いりえくいち》は蛤御門の変で敗北し自刃《じじん》。久坂享年25。入江享年28。生きていたら初代総理大臣であったであろう松下村塾若きエース吉田《よしだ》稔麿《としまろ》も池田屋事件で24歳にして討ち死に。

残された松下村塾四天王は、「あの男」だけだったのです。

あの男……高杉晋作です。

牢屋に入れられていたからこそ、何もできず、生き延びた運のいい男。

晋作は牢屋で、その準備を終えていました。吉田松陰の言葉、遺書であるダイイングメッセージと毎日向き合い続けることで、松陰の魂を完全にインストールできていたのです。

敗戦処理のミスのゆるされない難しい交渉に高杉晋作が抜擢されます。しかし、いくら晋作といえど、交渉相手は世界の列強イギリス、フランス、アメリカ、オランダの4カ国連合です。晋作は、停戦交渉の場に通訳として、松下村塾の門下生であり、自分のパシリ的存在だった伊藤俊輔《いとうしゅんすけ》を連れて颯爽とあらわれます。

まず驚いたのは俊輔です。

「し、し、し、晋作さん、な、な、なんなんですか？　その格好は？」

「え？　カッコよくない？」

なんと晋作は、烏帽子《えぼし》を被り、袍衣《ほうい》に身を包んでいたのです。イギリス側の通訳官のアーネスト・サトウも、晋作を見るなり度肝を抜かれました。

「なんなんだコイツは！　変なヤツがいる！」

しかし、交渉の場は完全に晋作のペースに巻き込まれました。晋作は、相手の要求を認

めるべきは認め、しかしゆずれない点は断固妥協しませんでした。晋作の強気の態度に、アーネスト・サトウはこう記しています。

「驚いたことには、彼らの（交渉の）唯一の目的は、長州人の士気がいまだにくじけていないことを私たちに知らせることにあったのだ。わが方の要求があまり過大である場合には、屈服よりも、むしろ戦うことを望んでいる」と。

連合国側としても、戦いに勝っておきながら、交渉がたったひとりの男に押されっぱなしで終わるわけにはいきません。連合国側は、彦島（下関の南端にある島）の租借《そしゃく》を要求してきました。租借とは他国の一部を貸せということ。上海の惨状を見てきた晋作には、租借という足場から、長州がいいように植民地にされていく流れが見えていました。だから、ここは、断固として受け入れるわけにはいかなかったのです。

この大ピンチに、晋作は日本の神話『古事記』を延々と朗読し始めたと伝わっています。

「そもそもわが国はイザナギ、イザナミの二神のみことが天の浮き橋に……」と始めた。

通訳官もさすがに『古事記』は訳せず。晋作は何をいわれても、

「イザナギ！　イザナミ！　アマテラスオオミカミ！　スサノオ！」と連呼。

何をいわれても、「最後まで聞け！」と一喝。そして延々と、『古事記』の長い長い日本の神話を語り続けたのです。

「いつまで続くんだ？」

「終わるまで続く！」

アーネストは、この日の晋作をこう述べています。

「悪魔のように傲然《ごうぜん》としていた」

さすがに連合国側も頭痛がしてきて、彦島租借をあきらめたといいます。

これぞ、世界一役立った『古事記』の使い方です！（笑）

あとは賠償金の問題です。彦島の件は晋作に1本とられましたが、賠償金だけは絶対に譲れない。大英帝国イギリス、フランス、アメリカ、オランダの4カ国連合が長州藩代表、高杉晋作ただひとりに負けるわけにはいかないのです。

連合国側が要求してきた賠償金は300万ドル。幕末当時1ドル約4万円くらいだったといわれますから、いまのお金にすると、１２００億円という天文学的な数字です。とても長州藩が払える額ではありません。そこを晋作はどう乗り越えたのか？

「賠償金？　ああ、けっこう」

あっさり、認めちゃっているんです。

「ああ、けっこう。賠償金のことは、長州藩のボスである徳川幕府にいってくれ」とかましたのです。

これが見事に功をそうしたのです。ここで徳川幕府が「ノー」をいえば、長州藩は徳川幕府の傘下ではないと幕府自らが認めることになります。徳川幕府から独立をもくろむ晋作にとってはそれも願ったり叶ったり。結局、賠償金は長州藩に代わり、幕府が払うことになったのです。

高杉晋作、お見事です。

しかし、これで徳川幕府も堪忍袋の緒がきれました。長州をこのまま放っておくわけにはいかない。「長州藩ゆるさぬ！」と、徳川幕府はついに長州討伐を決めたのです。

ここで幕府に攻め込まれたら、長州藩の殿様である毛利家そのものが取り潰しにあう恐れがあります。なにしろ幕府軍は15万人いるのです。これでは戦争にもならない……。そんな時勢のなかで、長州藩は保守派が勢いを増し、革命派は政権の座を下ろされてしまいます。長州藩は、それまでのイケイケから一転、「幕府には歯向かわずに穏便にやっていきます」という保守派の方針にきり替わってしまったのです。

せっかく、新しい時代を迎えにいこうと動きかけていた長州藩の歯車が止まってしまいました。結果、松陰先生の仇として、幕府を倒そうともくろんでいた晋作は、同じ長州藩の保守派に命を狙われることになってしまいます。

しかし、せっかく動き出した歯車を止めてしまっては、時代を止めてしまうことになる。松陰先生から受け継いだココロザシの火も消えてしまいます。

いまこそ、時代の歯車をまわさなければいけない。

晋作は全身で、そう感じていました。

「諸君、僕と一緒に命をかけてくれる者はいないか？　いまこそ、決起して萩の保守派を倒さなければ長州は滅ぶであろう。長州が滅べば日本が滅ぶ。それでは松陰先生がこの国に捧げた命は意味を失ってしまうではないか。僕らの一歩が日本の一歩となる」

晋作は、いまこそ立ち上がるときだと仲間に説いてまわりました。この想いをわかってくれるなら、この日このとき、ここに集まってくれ、と。

その日とは、元治元年（１８６４年）12月14日。

12月14日とは、赤穂浪士が主君の仇を討ちにいった日であり、その想いを受けて、師匠の吉田松陰が脱藩した日です。

晋作は、命をかけるにふさわしい日として、師匠が大事にしていたこの日を選びました。

（最終的には、決行の日は翌日の12月15日にずれ込みました。しかし12月15日は、奇しくも9年前、野山獄から吉田松陰が生きて出獄してきた日であり、松陰の第2の人生が幕を開けた日でした）

集結する場所は功山寺（山口県下関市）。

鎌倉時代につくられた、禅僧・道元が開祖の曹洞宗のお寺です。

晋作は三味線を取り出し即興の歌をつくり、こう唄いながら、一緒に決起してくれる同志を募りました。

「広い世界にちょうし（長州）が無くば　やがて世界は闇となる」

しかし松下村塾四天王は、もう自分ひとり。しかも、「ひとりでもやる」といくら晋作が叫んだところで、敵である長州藩の保守派の兵力は2千人以上。その背後には幕府軍15万人もいるのです。そんな危険な戦いにいけるわけがないのです。「無謀すぎる」「時期尚早」と、晋作は自分でつくった奇兵隊という軍隊からも参加を拒否されてしまいます。

当然です。みんな家族だっているし、恋人だっている身なのです。晋作の気持ちはわかっても、一緒に命を投げ出してくれる者はあらわれませんでした。

しかし晋作は、もう覚悟が決まっていました。

幕府軍が15万人いようが、ひとりでもやる！

もう、これは狂ったとしかいえません。

しかし、これぞ吉田松陰から受け継いだ狂気の精神です。

常識では時代は動かない。

突破すべき一点に向けて狂う。

いまこそ狂うときだ。


そんななか、運命の日、12月15日を迎えます。

晋作に命を預けてくれる者はいるのか？


高杉晋作は、まるで役者かのように紺糸《こんいと》おどしの腹巻に、桃形の兜《かぶと》を首に引っかけて、ド派手な衣装に身を包み静かに功山寺で待っていました。

この日は朝から雪が降りしきり、一面が白く染まっていた。

珍しく大雪に見舞われたものの、夜になり雪はやんだ。

ミシ、ミシ、ミシ……。

功山寺に雪を踏みしめる足音が静かに響きます。

「晋作さん、ご一緒します」

あらわれたのは伊藤俊輔でした。吉田松陰の松下村塾で共に学んだ、晋作のパシリ的存在。晋作も俊輔も共に顔が長く、彫りが浅い、いわゆる典型的な長州顔で、このとき晋作26歳、俊輔24歳です。

確実にここで命を落とす。俊輔はそれがわかっていながら、真っ先にここにきたのです。晋作をひとりで決起させるわけにはいかない。晋作に命をくれてやろうと思ったのです。

俊輔は貧しい農家に生まれました。俊輔の母は、愛情が深く、雨の日も風の日も嵐の日も、毎日、お稲荷さまに俊輔が出世するように祈っていたといいます。しかし、この時代、農家で生まれた者に出世の道はありません。母の望みを叶えるには、この不自由な社会をひっくり返すしかないのです。

「われわれに歴史はない。我々の歴史は、いまここから始まる」

俊輔の言葉です。

俊輔はこのとき、仲間の力士隊を十数人引き連れてやってきていました。力士隊とは、お相撲さんを中心とした隊のことです。お相撲さんが多いだけに、どすこい勝負になれば勝ち目はありますが、銃弾飛び交う戦場ではどうにもなりません。

結局、この日、集まった人数は総勢84人。一方、敵の兵は2千人以上。2千人の長州軍の背後には、幕府軍15万人が控えています。

84人 vs 15万2千人。

あまりに無謀です。84人といえば学校でいえば2クラスです。2クラスの人数で、15万人を敵にするのです。

それでもやるのか？

それでもやるのか？

それでもやるのか？

それでもやる！

できる、できないじゃない。

やる価値があるかどうかで決めるんです。

松陰先生が処刑されてから5年。いまここで流れを変えなければ、徳川幕府の天下は変わらない。いまこそ、時代に風穴をあけるときだ。

晋作は、この日を迎える直前に、遺言ともいえる手紙を書いています。

「自分が死んだら、墓前に芸者を集めて三味線など鳴らして大いに騒いでくれ」

雪で白く染まった功山寺に、晋作に命を預けた者が集結した。総勢84人。

雲のきれ間から十五夜の満月が顔を出した。

真っ暗な空に丸くきり抜かれたように眩く光る月。

月光が功山寺を優しく照らしています。

覚悟はもう決まっている。一点の曇りもない、澄んだ瞳の高杉晋作が静かに口を開き、こう宣言した。

「これより、長州男児の腕前をお見せする」

いざ、出陣です。

このとき、奇兵隊軍監の福田侠平《きょうへい》が、行く手を阻むように座り込み、晋作にこう叫んだといいます。

「いくなら、わしを蹴り殺してからいけ。君は、あの獄中の苦しみを忘れたのか？」

勝つ見込みなど万にひとつもない。先輩である福田が、無謀な晋作を止めようとして駆けつけてくれたのです。運良く殺されなかったとしても、以前入れられた牢獄、野山獄にまた入れられることになるぞ、と晋作に伝えにきたのです。しかし、晋作は、ひるむことなく颯爽と馬にまたがりました。

なんのために生きるのか、その理由が明確になった晋作をもはや誰も止められない。

朝4時、晋作は馬にまたがり星明かりを頼りに駆けていきました。目指すは10キロ西にある馬関（下関）の奉行所です。新しいニッポンを夢見た84人は、あっという間に闇のなかに消えて見えなくなりました。

ここから始まるのが、晋作による**「功山寺の挙兵」**です。

晋作に率いられた（お相撲さんたちを中心とした）決起軍84人は、まず馬関の奉行所を「どすこい！」と奇襲しました。資材と人の流れの中継地点をおさえるのが狙いでした。突如あらわれたお相撲さん軍団に、敵は不意をつかれ、なんと晋作たちは血を流すことなく、占領することに成功するのです。

晋作の奇襲で奉行所を奪取！

その知らせは、萩の藩政府に衝撃を与えました。

「晋作にやられただと!?」

晋作は、ここから藩の各地に檄文《げきぶん》を送り、町民や村民に決起をうながし、共に戦おうと宣戦布告します。

「草莽崛起《そうもうくっき》」

これは吉田松陰の言葉です。「頼るべくは、太平の世に甘んじて眠りこけていた武士ではない。ココロザシある名もなき民衆だ」という意味です。松陰先生のこの言葉を、晋作は実行に移したのです。

奉行所を奪取した直後、今度は電光石火、晋作は、港のある三田尻《みたじり》へ急行します。

「晋作さん、今度は三田尻に何しにいくんですか？」

「敵の軍艦を奪ってくる。誰か僕と一緒に死んでもいいというヤツはいるか？」

晋作がそう尋ねると、その場で18人が名乗りをあげました。

「では僕についてこい。俊輔、僕たちはこれから軍艦を奪ってくるから、お前はこの地で資金を集めておいてくれ」

晋作のパシリ的存在、伊藤俊輔はこのとき、こうツッコミたかったことでしょう。

「たった18人で軍艦を奪ってくるって、ありえないから〜！」

晋作は18人を引き連れ、軍艦が停泊している三田尻の海軍局に乗り込み、小舟を漕いで軍艦に横づけした。そして刀を抜いて乗り込んでいきました。このとき、不意を突かれて海に逃げ込んだ敵兵もいましたが、銃口を晋作に向けて身構えている水兵もいました。

晋作は口を開いた。

「このままでは海軍は幕府のいいなりになっている保守派の手で、とり潰されるのを待つだけだぞ。それでいいのか？　君たちは、なんのために生まれてきたんだ？　僕たちと一緒に新しい時代にかけてみないか？　すでに僕たちは馬関を制圧している。同意できない

なら仕方ない。戦うなら望むところだ。さあ、ここで未来を選べ」

晋作は、もう命を天に預けているのです。その気迫が敵をのみ込みました。水兵たちは顔を見合わせ、晋作に向けていた銃を床に置きました。

こうして、しばらくすると馬関海峡に、軍艦、癸亥丸《きがいまる》があらわれたのです。少し遅れて、庚申丸《こうしんまる》、丙辰丸《へいしんまる》の二艦が続きました。そこに乗っている男は三味線をベンベンベンと弾き、即興で唄っています。

高杉晋作です。わずか18人で軍艦ゲット!

「ありえないから!!!」

俊輔はそう叫びたかったことでしょう。

晋作は、たった18人で長州藩の洋式軍艦すべての奪取に成功しています。このときの晋作のことを、後に俊輔は「動けば雷電のごとく　発すれば風雨のごとし」と評しています。

高杉晋作、軍艦奪取！

この知らせに、またも藩政府に衝撃が走りました。「晋作は、軍艦で関門海峡をまわって、萩の沖合から攻めてくるのではないか」という憶測が飛び交い、戦々恐々となった藩政府は狼狽し始めていました。そこに、

ドカーーーン！　ドカーーーン！

大砲の音が街中にこだましました。晋作たちが奪った軍艦が、菊ケ浜の沖合にあらわれて、街に向けて大砲を撃ち始めたのです。

実は、それらはすべて空砲でした。しかし、敵を威嚇するには十分。軍艦を奪うことで、少人数でも大きなインパクトを敵に与えることができる。これも晋作の読み通り。それまでいろいろなことをやっては挫折する晋作でしたが、彼は軍事においては天才だったのです。

誰もが真骨頂を持っている。師の吉田松陰がそういった通り、晋作はようやく自身の「真骨頂」と出会えたのです。

藩政府は農民たちに、晋作たち反乱軍への協力を禁止するものの「晋作なら、本当に新しい時代を生み出すかもしれない」と大量の食料の差し入れをする者があとを絶ちませんでした。商人や農民が続々と晋作たちに協力を始めたのです。

今日とは違う、明日が見たい。

そこに命をかけて踏み出す者を、民衆たちは待ち望んでいたのです。

晋作の思いに応えて同志は増え、ついには当初の84人から、敵の兵と同数となる2千人近くまでふくれ上がりました。そして10日間に及んだ激戦を勝ち抜き、勢いにのる晋作たちの藩内クーデターは成功。これにて長州藩の意志は、新しい時代をつくる方向に固まり、徳川幕府と真正面から対峙することになりました。

「くるならこい。徳川幕府よ。いまこそ、吉田松陰先生の仇を討ってやる!」

２５０年以上王者に君臨し続けた徳川幕府と真っ向勝負するという藩が、日本に初めて誕生した瞬間です。


やる気のない2千人より、たったひとりの心意気が勝ったのです。


未来は、覚悟ができた、たったひとりの人間が切り拓くのです。

ちなみに、功山寺に真っ先に駆けつけた、晋作のパシリ的存在だった伊藤俊輔こそ、後の初代総理大臣となる伊藤博文その人です。

初代総理大臣になれたのは、功山寺に命がけで真っ先に駆けつけたことが大きかった。

伊藤博文は功山寺挙兵のことをこう語っています。

「私の人生において、唯一誇れることがあるとすれば、一番に高杉さんの元に駆けつけたことだろう」

実は、博文という名前も、高杉晋作がプレゼントした名前です。論語が由来です。吉田松陰のココロザシは高杉晋作に受け継がれ、そしてこの伊藤博文が近代国家のグランドデザインを完成させるというバトンタッチリレーとなりますが、それは後の話です。

さて、話を戻します。

徳川幕府上等！

もう、僕たちは幕府には従わない。そう名乗りをあげた長州藩に、徳川幕府ももはや静観してはいません。15万人を擁する幕府軍が、いよいよ長州藩を潰しに攻めてきました。15万人vs数千人。長州藩は、いよいよ絶体絶命の窮地に追い込まれます。

まず、千トン級の幕府の軍艦4隻が長州の大島口にあらわれて、戦いの幕はきって落とされます。王者・徳川幕府軍はあっという間に大島口を占拠。長州軍は、赤子の手をひねるかのようにあっさり敗れ去り退去します。

ここで、「よし。僕の出番だな」と出陣したのが、やはりこの男、高杉晋作です。実は、長州藩としては、大島口は兵の分散をさけるために、あえてここは捨ててもいいと考えていたのです。しかし、晋作は大島も必ず幕府から取り戻すというのです。

晋作は、わずか94トンの小さな蒸気船、丙寅丸《へいいんまる》に乗り込みました。

「これから三田尻へ向かう」

三田尻は、馬関と奪われた大島のちょうど中間点です。

晋作はそこへ向かうといいます。そして、弟子の田中光顕《たなかみつあき》を呼び、こういいました。

「君にかまたきを任せる。心意気でなんとかしてくれ」

光顕は一瞬、何をいわれているのかわかりませんでした。晋作は、蒸気船に乗ったことすらない光顕に、船の操縦を任せるといっているのです。

実は、このとき、この場にいた海軍局の者はひとりだけで、みんな船のシロウトでした。乗組員を集める時間がなかったのです。しかし、誰かがやらなければいけなかった。晋作の目は本気でした。光顕は後に、このときのことを「こんな驚いたことはない」と回想しています。それはそうです。船の操縦なんてしたことがない者に、戦場でいきなり「運転しろ」というわけですから。

しかし、光顕は自ら望んで晋作に弟子入りした身。晋作に「NO」とはいえません。ひとまず、やってみることにしました。なんとかなるわけがない……と思いきや、どうにかこうにか、三田尻港までたどり着くことができたのです。

やってやれないことはない！

さらに、晋作はみんなにこう告げました。

「夜を待って、大島を夜襲するぞ」

光顕は悲鳴をあげました。世界にも例がない夜の海戦を、晋作はしかけようとしているのです。軍艦の夜戦は、ヨーロッパでも例はなく、航海の名人でも不可能に近いとされています。しかも機関長は、さっき初めて船を動かしたどシロウト田中光顕なのです。

「晋作さん、目を覚ましてください。無謀です。僕らは94トンの小さな蒸気船たったの1隻なんです。しかも機関長はシロウトの私です。でも、敵は東アジア最大級の1000トンの富士山丸《ふじやままる》ほか4隻もいます」

それを受けて、晋作はニヤッと笑ってこう返した。

「無謀だからこそいいんだ」

敵もそう考え、夜は油断しているだろうと。

やってやれないことはない。やらずにできるわけがない。


次に晋作は、松下村塾で一緒だった山田市之允《やまだいちのじょう》（顕義《あきよし》）を呼びました。

「君に砲術長をやってもらいたい」

「えええええええ！！！！」

山田は海軍の経験は皆無。やはり、どシロウトです。

「山田、とにかく心意気だ！」

こうして、どシロウトの山田に大砲が託されたのです。

やってやれないことはない。やらずにできるわけがない。


このとき、晋作は軍服も着ずに、着流しで扇子1本だけを持っていたといいます。海軍総督でその格好はさすがにありえません。

「晋作さん、なんで軍服を着ないんですか？」

心配した光顕が尋ねると、晋作はこう答えたといいます。

「鼠賊《そぞく》の船を撃破するには、この扇子1本で十分だ」

晋作は幕府軍15万人の大軍を鼠賊、つまりは〝こそどろ〟と表現したのです。

天性のチャラ男ぶり、お見事です。

晋作は、どシロウト集団で小さな船1隻で敵地に乗り込んでいったのです。しかし、なんと敵は晋作の読み通り、完全に油断していました。船のかまの火を消していたのです。千トン級の軍艦を動かす蒸気をわかすには、かなり時間がかかります。逆に、晋作の丙寅丸は小さいので、小まわりがききます。ここぞとばかりに敵4隻の間をぐるぐる走りまわり、大砲をドンドン敵船に撃ち込みました。砲術長はシロウトの山田市之允です。しかし、近距離から撃つため外しようがなかった。大砲はおもしろいくらい当たり、シロウト山田のテンションは最高潮に。

やってやれないことはない。やらずにできるわけがない。

敵は大混乱。蒸気がわくのに時間がかかるので、敵は動きたくても動けないのです。や

むなく大砲を撃つも、慌てているので敵同士で撃ち合ってしまう始末。

「よし、敵のかまに火が入る頃だ。引き上げて馬関に向かうぞ」

晋作たちは引き上げますが、幕府の艦隊もこの奇襲に恐れをなし、逃げ出してしまいました。

一足先に上陸していた幕府軍も船が逃げたことを知り、戦う気力を失いました。そんななか、長州軍が急襲しわずか1日で大島を奪還。このときの鮮やかな襲撃を、97歳まで生きた田中光顕は、一生の誇りとして何度も回想し、

「いつ考えても胸が躍る」と語っています。

実は、この夜襲は、兵学者であり高杉晋作の師匠である吉田松陰が、外国との戦になったときにと考えていた大作戦でした。

「黒船と戦うには、夜の闇に乗じて大砲をつんだ小舟で近づき、大砲を撃ちまくってから黒船に潜入し、白兵戦に持ち込み黒船を奪う」

吉田松陰は、高杉晋作のなかで確かに生きていたのです。

その勢いのまま晋作は、今度は長州軍の全艦隊5隻を率いて、幕府軍の砦、対岸の門司、

小倉に総攻撃をしかけます。

さらに、ここに強力な援軍が駆けつけます。

リョーマ・サカモト。

そう、坂本龍馬たちのカンパニー・海援隊が、船で援軍に駆けつけたのです。

ここで長州藩が滅べば日本の歴史は止まる。そう考えた坂本龍馬は、薩摩藩（鹿児島県）を味方に引き込み、薩長同盟を結ばせ、圧倒的に不利だった長州藩に手をさしのべたのです。

坂本龍馬はこのとき、高杉晋作と馬関で再会を果たしています。ふたりは、お互いに詩を吟じながら酒を酌み交わしたという逸話が残っています。

「かくすれば　かくなるものと　知りながら　やむにやまれぬ　大和魂」

（こんなことをすれば、命がいくつあっても足りないことくらいはわかっている。でも、このやむにやまれぬ大和魂を貫き通さずにはいられない）

晋作が師の吉田松陰の詩を詠むと、龍馬はこの句を受けて、こう返したと伝わっています。

「かくすれば　かくなるものと　我も知る　なおやむべきか　大和魂」

（こんなことをすれば命がいくつあっても足りないことは私にもわかる。しかし、それでも大和魂は貫き通さずにはいられない）

晋作にしてみれば、幕府軍15万人との戦いは松陰先生の仇討ちなのです。どれだけ不利であろうが負けるわけにはいかない。かけているものが違うのです。さらに武器も違いました。幕府は外国勢に「長州藩には武器を売ってはいけない」と通達を出していました。だから長州は最新式の武器を手に入れられない状況にありましたが、実際の長州藩は最新式のゲーベル銃で武装できていたのです。一方、幕府は依然、旧式火縄銃でした。なぜ長州藩は最新式の銃で武装できたのか。それは、龍馬が「いま、長州藩を潰しては日本はひとつにならない」と、長州藩の天敵であった薩摩藩を命がけで説得し、薩摩と長州に同盟を結ばせ（薩長同盟）、龍馬のカンパニーを橋渡しとして、薩摩名義で購入した武器を長州に流していたからです。

しかも、晋作が結成した奇兵隊はショーイン・イズムを見事に引き継ぎ、身分、年齢、性別を一切問いませんでした。武士はもちろん、百姓、町人の身分を問わず、進んで参加したいと思う者はすべて入隊がゆるされた新しい軍隊です。長州では女性や子どもたちまでも立ち上がっていたのです。

高杉晋作がつくったこの奇兵隊から、事実上、封建制度の差別社会は崩れ始めたといっていいでしょう。

皆平等。

この思想は、吉田松陰が牢獄のなかで出会った高須久子から、松陰を通して高杉晋作に見事に受け継がれていたのです。

長州藩と幕府の攻防は2ヶ月続きましたが、長州の勢いにおされている間に、なんと、大阪城に本陣をかまえていた14代将軍、徳川家茂が病死。天も長州の勢いに味方したのです。これで幕府方は総崩れとなります。

幕府軍本陣の小倉城が落ち、長州藩が幕府軍を敗ったのです。

250年以上続いていた天下の徳川幕府が、たったひとつの藩(県)に敗れ去ったのです。驚天動地《きょうてんどうち》の事態に、日本各地に衝撃が走りました。

「本当に時代が変わるかもしれない。夜明けがくるかもしれない」と。

歴史は教えてくれます。たったひとりの決意が世界を変えていくのだと。

Dear ショーイン先生。

ついに、ついに、ついに松陰先生の仇を討ちました!

その一点にすべてをかけた高杉晋作は、真っ白に燃え尽きました。

高杉晋作は、この翌年、結核で人生の幕を閉じています。

「俺のやるべきことはやりきった。あとは頼む」と言わんばかりに。

高杉晋作、享年29。

最後に晋作が三味線片手によく唄っていた俗曲の歌詞を紹介します。作・高杉晋作です。

「三千世界のカラスを殺し
ぬしと朝寝がしてみたい♪」

WORK 8

人生最後のセリフを決める。

看取り士という仕事があります。亡くなっていく方が幸せな最期を迎えられるように寄り添う仕事です。たくさんの死に立ち会ってきた、ある看取り士の方が、一例だけ、家族みんなを幸せにした死を見たというのです。普通、死はまわりの人を悲しませます。しかし、そのおじいちゃんの死はみんなを笑顔にしたというのです。亡くなる直前にガッツポーズして「やりきった」といって亡くなったのだそうです。そうなのです。自分の人生をやりきれば、死でさえもみんなをハッピーにできるのです。

あなたは人生最後の日に、なんといって死ねたら本望ですか？

晋作の辞世の句は、「おもしろき　こともなき世を　おもしろく（すみなすものは　心なりけり）」です。おもしろくもなんともないこの世界を、おもしろく生きられるかは心次第という句です。

「僕はおもしろく生ききったぜ。君はどうだい？」といったところでしょうか。

さてここからワークです。人生最後のセリフを決めてもらいます。たとえば、ひすいの場合なら、人生最後のセリフは「ああ、めっちゃおもしろかった」といって死にたいなと思っているんですね。最後のセリフが決まったら、その前に「〇〇のおかげで、めっちゃおもしろかった」という風に、なんのおかげでそう言えたのかも併せて考えてみてください。

僕の場合でいうなら、「(自分の好奇心を大切に生き、そして、この星を進化させる最高傑作を生み出せたおかげで) ああ、めっちゃおもしろかった」となります。


人生最後のセリフ、あなたはどういって死にたいのか。

そして、そういえたのは何をやったおかげなのか。

最高の未来をニヤニヤ想像しながら、そのふたつのことを次ページで言葉にしてみよう。言葉にするとは、どう生きたいかを明確にするということです。

WORK

「詩」
si

瞳に涙がなければ、魂に虹はかからない。

ネイティブ・アメリカンの言葉

♪「雲 -kumo」 THE MAD CAPSULE MARKETS

第3章 YES!

野村望東尼

宿命を受け入れたとき運命が変わる。
死神に愛された不幸な女・野村望東尼《のむらぼうとうに》。

BOUTOUNI
NOMURA

こんなに不幸なことばかり起きていいのか……。

彼女ほど、不幸の連続を生きた人はいないのではないか……。

文化3年（1806年）、福岡の武家の家に生まれた、浦野もと。

父の勝幸は生け花をたしなむ風流な武士で、娘のもとはその感性を受け継いで歌詠みや文学に興味を持ち、17歳から歌人の二川相近《ふたがわすけちか》の塾で歌、書、学問の基礎を学びました。


もとは17歳で結婚します。彼女はこの結婚にのり気ではなかったのですが、相手の家柄が格上だったことから両親の強いすすめもあり結婚することになりました。この際、もとの父親は炊事や掃除をする使用人を、もとに従わせていたのですが、ご主人はこの使用人と浮気をしたようで、もとは傷つき半年で離婚をしています。

それから7年後、もとは24歳で再婚。再婚相手は野村貞貫《のむらさだつら》(当時36歳)。ふたりの間には、女の子が生まれました。ふたりは生まれた子を大切に抱きあげ、喜びをわかち合いました。しかし翌朝、起こそうとしても泣き声をたててくれないのです。頬をつついてもぴくりともしません。

「どうしたの!?」

赤ちゃんの肌が冷たくなっていました……。

「動いて！　動いて！」

しかし赤ちゃんは死んでいたのです。

呆然と立ち尽くしたもとの体は震えていました。

夢であってほしい……。しかしそれは現実でした。


そしてときは流れ、もとは27歳になり、ふたりめの子どもを身ごもりました。今度こそ元気な子を授かりますように……。新たに生まれた子は、また女の子でした。しかし、翌日……。赤ちゃんの体はまたも冷たくなっていたのです。

もとは時が止まったかのように、うつろな表情で赤ちゃんを眺めていました。ご主人の貞貫も妻にかける言葉が見つかりません。

しばらくして、なんとかなぐさめようと、彼女が好きだった和歌詠みを本格的にやってみることをすすめ、福岡の歌人・大隈言道《おおくまことみち》のもとに、夫婦ふたりで弟子入りをすることになりました。

和歌を本格的に詠むようになって、もとが詠んだ句は、

「ただ一夜　わが寝しひまに　大野なる　みかさの山に　霞《かすみ》こめたり」

しかし、この和歌は師匠の大隈言道にダメ出しをされます。

「歌はただ花鳥風月を歌うものではない。この歌には心がない。心を忘れ、月花を詠んでも、それは真の歌ではない」

このとき、もとは、もう心を失っていたのです。

さらに、弟子入りして2ケ月後、当時、不治の病と怖れられていた結核になってしまうのです。子どもの頃から憧れていた和歌の道に本格的に入ろうとした矢先に不治の病。もとは熱が出て床に伏し、歌も詠めない状況となり、それが1年半続きました。

(このあとも、もとは終生、結核という病と向き合い危険な状態を何度も何度も迎えます)

そして5年の月日がたち、もとは33歳になり、3人目の子どもを身ごもっていました。そして、祈るように出産の日を迎えました。今度こそ、今度こそ、無事に生まれ育ちますように。

生まれた子はまた女の子でした。そして、また……。

すぐに死んでしまったのです。

もとは呆然と放心状態のまま、冷たくなった我が子を1日中抱き続けました。

どうして私は母親になれないんだろう……。

子どもの頃は、「じょうもんのしゃれもんたい（美人でおしゃれ）」と町でも噂だった。

しかし、この頃、鏡を見たら自分の老いに愕然としたといいます。あまりに深い悲しみに身を染め、すっかり老けてしまったのです。


ときは流れて、もとは4人目を身ごもりました。

今度こそ、今度こそ、今度こそ、今度こそ……。もとは祈り続けました。

生まれた子はまた女の子でした。

そして、翌朝……。

赤ちゃんは冷たくなっていたのです……。

もう何も考えられない……。彼女の小さな心は崩壊しました。

生まれた女の子4人すべて夭折《ようせつ》。もとは自分の運命にぞっとしました。

私は死神に呪われている……。

「ただ一夜　世にあらむとて　生ひでし　こは何事の　報いなるらむ」
（たった一夜しか生きられない我が子たち。これはなんの報いなのでしょう）

幾度も幾度も押し寄せる、凍りつくような悲しみ。そんな地獄の淵を歩む彼女のそばでずっと寄り添ってきたのが夫の野村貞貫です。彼自身は特権階級の武士でしたが、身分で人を差別することを嫌い、身分が下の者に対しても優しく接する思いやりのある人でした。彼は、なんとか彼女を励まそうと、身分に関係なく気軽に出入りできる別荘をつくり、そこで**「もとを主婦業から解放して、歌づくりに専念させてあげたい」**という願いが生まれていました。もとは病を患っていることもあり、自然の豊かな場所に身を置けるようにしてあげたいという想いもありました。

その貞貫の願いは、もとが40歳を過ぎる頃に実現します。それが平尾山荘です。

平尾山荘、その周囲に人家はなく、松の大木の間にひっそりと建てられた藁ぶきの別荘。夫婦ふたりで庭をつくり、初めて迎えた春。もとは夫のことをこう詠んでいます。

「山ざとに　はじめて春を　迎ふれば　まづめづらしと　君を見るかな」

(平尾山荘で初めて迎える春、見慣れているはずのあなたが新鮮に見えた)


これからは庭いじりをしたりしながら、ここで夫婦一緒に和歌を詠もう。

しかし、呪いはいまだ解けず。もとの不幸はまだまだ終わらない。病がこのあと再発。

もとは、平尾山荘で過ごすこともままならなくなり、家族の住む本宅へ戻りました。


そして、安政6年（1859年）、もと54歳。

ついに死神は、もとの一番大事な人を奪いにきました。野村貞貫、最愛の夫を奪いにきたのです。

貞貫は、いつも笑顔をたやさず穏やかで、もとを支えてくれた人でした。ふたりの出会いは、もとが初めて参加した歌会でした。歌会では、誰が詠んだかわからないように名を伏せて3首の入選作を決めていきます。

「私の歌を選んでくれる人がいるだろうか」

もとが緊張していると……

「この歌には心温まる優しさがある」

そう、貞貫がもとの歌を選んでくれたのでした。自分の歌を真っ先にほめてくれた人。

そして、そのあと、ずっと一緒に和歌を学んできた貞貫が病気で亡くなりました。妻と一緒に和歌を学ぶ武士は、当時そうとう珍しかったはずです。

ずっと悲しみに寄り添ってくれていた夫がもうこの世にはいないのです。もう、生きていたくない……。もとの希望が消え去りました。

（ちなみにこの年に吉田松陰も命を落としています）

私は幸せになれない星の下に生まれたんだ……。

どこまでも、どこまでも沈んでいく底のない絶望。もとの悲しみは極まっていました。

しかし、もとを再び助けてくれたのも、夫の貞貫でした。貞貫は天国から妻にプレゼントを贈ったのです。

「禅」というプレゼントを。

もとは、ご主人の死をきっかけに、野村家の菩提寺、曹洞宗明光寺《そうとうしゅうみょうこうじ》の元亮巨道《げんりゅうこどう》禅師とご縁がつながり、そこで、曹洞宗開祖の道元の禅の教えと座禅を知るのです。

「避けることのできない苦しみを避けようと思わないこと。

満たされることのない欲望を満たそうと思わないこと。

四苦八苦をそのまま受け入れる覚悟が大事。

現実をしっかり受け止めて前向きに生きる」

「生きていることを自覚するのは心なり。

認識するのも心なり。疑うのも心なり。

納得するのも心なり。すみなすのも、吾が心なりけり」

生老病死。そもそも生きるって切ないことです。

生まれた瞬間から、死は運命づけられていて、死へのカウントダウンは始まっています。

生まれてくること、老いること、病になること、死ぬこと、どれひとつとってみても、

自分の思い通りにいくものなどありません。ひとりで生まれ、死ぬときもひとりで死んで

いくのが人間です。

そして、人生最後の日には、得たものをすべて失う。

それが人生のゴールなんです。

変わっていくことを恐れていたら、不幸はどこまでもつきまとう。だから、避けることのできない悲しみを、避けようと思わないこと。ありのままを、ありのままに受け止めることから始める。


この頃から、もとは熱心に座禅を組み自分の内なる世界と深く向き合うようになっていきます。ひとり静かに、自分の心の動きをありのままに見つめる。いいも悪いも判断せずにそのままに感情を客観的に見つめていると、嫌な感情があたたかく溶けていくことに気づきました。

そうか。どんなことが起きたって、心は私次第なんだ。


状況が心を決めるのではない。

自分の心は自分が決められるのだ。

もとが、それまで現実に振りまわされ過ぎていた自分を自覚できた瞬間でした。

そして8月9日。もとは、この元亮巨道禅師に引導を受けて、剃髪《ていはつ》し仏門に入ります。もと54歳。彼女は尼になり、名を「望東尼《ぼうとうに》」とします。

このとき望東尼は、夫の墓石の横にもうひとつ墓をたて、「望東禅尼」と自らの名を刻んでいます。夫の墓の3分の1くらいの大きさの墓。これまでの自分は死んだ。これからは新しい私として生きる。そんな決意を持って、お墓に自らの名を刻んだのです。人生50年といわれたこの時代。望東尼はもう54歳になり、すっかり老け込んでしまっていました。

このとき、かつて学問を習っていた二川相近先生の言葉を思い出したのです。

「楽しいと思うことをしないで終わってしまうほど愚かなことはない」

これからは本心にそって自由に生きよう……。

これまでは病身のため迷惑をかけないようにと、いつも周囲の目を気にするように生きてきた。女だからと自分を閉じ込めてきた。でも、これからは、心のままに楽しいことをやろう。

二度とない人生。本当に心が望むことを遠慮なくやろう。

彼女は、まず京都への旅行を思い立ちました。京都御所や神社仏閣の名所巡りをしてみたかったのです。また、和歌の師匠、大隈言道を訪ね、夫とふたりで詠み溜めてきた和歌を見てもらいたいという願いもありました。夫との思い出である歌の遺稿集《いこうしゅう》をつくりたかったからです。これからはやりたいことをひとつひとつやっていこう。

一方、当時の京都は、変革のエネルギーが渦巻き始めていました。このままでは日本は滅んでしまうかもしれない……。そう感じた志士たちが水面下で活動を始めていたのです。京都でときを過ごすうちに、望東尼は時代が動き始めていることを肌で感じ、政治に興味を持つようになります。しかし、50歳を超えた望東尼は、志士たちのように全国を飛びまわることはできません。でも、新しい時代のために、女である私にもできることがあるのではないか、そう考えたのです。当時、命の危険と隣り合わせの政治活動をする女性なんていません。でも、望東尼は、もう自分の本心が望むことをすると決めていました。女の心意気です。

志士たちにとって、当時は情報の有無が命運のわかれ目となりました。望東尼は、京都で築いた人脈や情報を地元の福岡につなげ、また、自身の平尾山荘を隠れ家として、新世界をつくろうと願う志士たちをかくまう活動に入っていくのです。

そして、元治元年（1864年）11月10日前後のこと。

月明かりの夜、萩から逃げてきたという、谷梅之助《たにうめのすけ》と名乗る男が仲間に連れられ、平尾山荘にやってきました。望東尼はその男をかくまいました。梅之助は、長州藩（山口県）の藩士でしたが、古い体制に革命を起こそうと活動していたため、命を狙われ長州にはいられなくなり福岡に逃げてきたのです。

59歳の望東尼には、梅之助はまだ子どものように見えました。それもそのはず、梅之助、当時26歳です。

「お世話になります」

口数が少ない梅之助は、まっすぐに望東尼を見つめ、そう頭を下げました。望東尼は、梅之助に内に秘めたものを感じます。「この人はこのまま終わる人じゃない」と。

当時、幕府を倒そうとする志士たちは、常に命を狙われていました。97歳まで生き延びた幕末の志士・田中光顕は、当時のことをこう振り返っています。

「京坂に潜行していた頃、朝起きれば、生きていた、という思いが毎日した。生き延びたのは奇跡である」

朝、目が覚める度に「なんとか生き延びている」と胸をなでおろすような緊迫した毎日を、志士たちは生きていたのです。

そんな志士をかくまう行為は、見つかれば大きな罰を受けることになります。望東尼もそのことは十分承知していましたが、その危険をいとわなかったのは、志士たちが、我が子のように愛おしく思えていたからです。実子が生まれてすぐ夭折したこと、これもまた、望東尼の天命だったのでしょう。望東尼は志士たちの母的な存在として、そして、夫とずっと磨きあってきたその和歌で志士たちのココロザシを鼓舞し心を通わせたのです。

「数ならぬ　此身《このみ》は苔に　埋もれても　日本心《やまとごころ》の　種はくたさじ」

（数にもならないような我が身であるが、この平尾山荘の苔むした家にいながらも大和心の種を腐らせはしない）


平尾山荘には、望東尼のお手伝いをしている14歳の吉井清子という少女がいました。梅之助は、こんな少女までが望東尼のココロザシを理解しているのだろうかと思い、軽い気持ちで「あなたのような若き少女にも、大和心はあるんですか？」と聞いてみました。すると、少女はすぐに筆をとりました。

「われもまた　同じ御国《みくに》に　生まれ来て　大和心を　知らざらめやは」

（私も、同じ国に生まれてきて、どうして大和魂を知らずにいられようか）

こんな少女でも、凛として大和心を持っている。望東尼のまわりにいる人たちは違う。逃げてきて今にも折れそうだった梅之助の心にかすかに光が差し込みました。


長州藩で命を狙われるようになった梅之助は、長州藩の保守派を倒すために、九州の諸藩に連帯を呼びかけにきていました。しかし、九州の諸藩は時流に従い、幕府と穏便にやっていこうというところばかりで、梅之助の想いに応えてくれる者は誰ひとりあらわれず、心が折れ、この平尾山荘に逃げてきていたのです。

孤立無援。梅之助は万策尽き憔悴しきっていたのです。

さらに、長州からは、幕府に屈した保守派が革命派の家老7人を処刑したとの情報が入ってきました。これで、ますます革命派の梅之助の立場があやうくなります。厳しい現実が、梅之助の前に立ちはだかっていました。

まわりが応えてくれないなら、たったひとりでやるしかない……。

しかし、それには、命をかける必要がある……。

寒空の下、梅之助が庭に出ると、望東尼が落ち葉を掃いていました。そのひとつひとつの動作が流れるようで思わず見入ってしまう。ここ数日、なにげない会話を通して、梅之助は、望東尼の声が不思議とすっと胸に入ってくるのを感じていました。なんだか、懐かしいような、安心感に包まれるのです。望東尼といると、胸に新鮮な空気が入ってくるようで、梅之助の頭のなかで、同じところをぐるぐる駆け巡っていたものが、少しずつほどけていくのを感じていました。

いったいい、この人はどんな人生を歩んできたのだろうか……。

谷梅之助。命を狙われているため、実は、この名前は偽名でした。

本名は高杉晋作。

そう、あの高杉晋作です。幕府軍15万人を前に、「僕はひとりでもやる」と功山寺の挙兵に向かう1ヶ月前の出来事です。

晋作は、平尾山荘で、庭の手入れをしている望東尼を眺めながら、師の吉田松陰のことを思い出していました。いかに武士は死ぬべきなのか思い悩み、松陰に相談したときのことを。

「僕はどう生きればいいのでしょうか？　死にはどんな意味があるのでしょうか？」

松陰は、晋作のその質問にこう答えています。

「それをどのように教えたらいいのか、僕にもわからない」

松陰だってわからなかったのです。その答えを松陰も探し続けていた。でも、ついに、わかるときがきたのです。江戸伝馬町の牢のなかで松陰は、「死の一字について発見するところがあった」と高杉晋作に一通の手紙を遺しています。

「死ぬことによってココロザシが達成できるならば、いつ死んでもいい。生きていることで大業を成せる見込みがあるならば、なんとしてでも生き延びる。生きるも死ぬも、どちらでもいい。大切なのは、成すべきことを成すことだ」

これが吉田松陰、処刑される3ヶ月前に至った境地です。

松陰先生は、口すっぱくいつもいっていた。

「学者になってはいけない。人は行動が第一である」

大切なのは、成すべきことを成すことだ。

そして、その成すべきときは、いまであろう……。

晋作はそのことを十分わかってはいた。しかし、九州でも支援者は見つからず、動くに動けなかったのです、晋作だって、長州藩保守派と徳川幕府を敵にまわすことは、いかに無謀なことかよくわかっていました。

なんせ1人vs15万2千人。

ここで動いたら、僕はまず確実に死ぬだろう……。

何度考えたところで、いつもこの結論になりました。

実は、平尾山荘を訪ねる1ヶ月前に、晋作には男の子が生まれています。名前は梅之進と名づけました。梅は百花に先がけて咲き、新しい年の到来を意味する、晋作が最も愛した花です。

庭を掃き清めている望東尼を晋作は見るともなく眺めていました。凛とした空気を身にまとい、そのココロザシを和歌にして志士たちの心を支えてきた歌人・野村望東尼。

目が合うと望東尼は静かに微笑み、梅之助こと、高杉晋作の気持ちを察したかのような和歌を贈りました。

「冬ふかき　雪のうちなる　梅の花　埋もれながらも　香やは隠るる」

(梅の花は、深い雪のなかに埋もれて姿は見えなくても、香りが消えることなどない)

あなたの発する梅の香りは、どんなに隠しても、隠しきれるものではない。あなたはいつまでも逃げているような男じゃない。

望東尼は、梅之助（高杉晋作）を梅の花にたとえて詠んだのです。

花は時がきたら必ず咲くものだから、と。

冬の澄んだ空気のなかで、しばし、ふたりは空を眺めていました。

雲が静かに流れていきます。

沈黙を破ったのは、晋作のこの一言でした。

「明日、ここを出ることにします」

もう誰も頼らない。

たったひとりでもやる。

梅の花を咲かせるのは、いまだ。

晋作の覚悟が決まった瞬間です。

平尾山荘には10日ほど滞在したことになります。旅立ちの朝、望東尼は晋作のために、自らの手で縫い上げて用意していた商人風の着物を手渡しました。商人風にしたのは、追っ手に見つかりにくいようにという望東尼のこまやかな配慮からでした。そこには短冊があり、こんな歌が記されていました。

「まごころを　つくしのきぬは　国のため　たちかえるべき　衣手《ころもで》にせよ」
（真心を尽くして筑紫の地で縫ったこの着物、あなたが国のために戻っていくときの袖にしてください）

晋作はお礼の気持ちを漢詩で返しています。

自愧知君容　我狂　（自ら愧《は》ず　君我《きみわが》が狂《きょう》を容《い》るるを知る）
山荘留我更多情　（山荘《さんそう》に我《われ》を留《とど》めて更に多情）
浮沈十年杞憂志　（浮沈《ふちん》十年、杞憂《きゆう》の志）
若不閑雲野鶴清　（閑雲野鶴《かんうんやかく》の清きにしかず）

（狂ったように新しい時代を求める僕を、あなたはそのままに受け入れてくれた。平尾山荘でかくまってくれたことに深く感謝している。僕は危険な行動に身をさらして10年が経つ。無用のココロザシを抱いているのかもしれない。しかし、それにしてもあなたは静かな空に浮かぶ雲のようでもあり、野に遊ぶ鶴のようでもあり悠々自適かつ、超然としている。その清らかな心には、私はとうていかなわない）

高杉晋作は、世間からは受け入れてもらえず、それでもなお、やむにやまれぬ革命への想いを**「狂」**という一字で表現しています。

歌人・野村望東尼は、その存在で、晋作のなかの恐れを優しく包み溶かし、彼の底に宿っていた「狂」をすくいあげてくれたのです。

後日、平尾山荘から長州に戻った高杉晋作から望東尼へ手紙が届いています。

「死を賭して行動しているので、もはやこの世で会うことはないであろうが、来世でお礼をしたい」

福岡のこの平尾山荘で、高杉晋作は覚悟を新たにし、長州の保守派2千人、そしてその背後に控える幕府軍15万人に対し、「僕はひとりでもやる」と功山寺で挙兵し、前章でお伝えした通り奇跡を成したのです。

望東尼も晋作のこの快挙に和歌を詠んでいます。

「谷深み　含《ふふ》みし梅の　さきいづる　風のたよりも　かぐわしきかな」

つぼみのまま咲かなかった梅（梅之助＝高杉晋作）が咲き誇り、風がそのかぐわしい香りを運んでくれたことを望東尼も手放しで喜んでいます。

キリスト教の思想家であり、文学者であった内村鑑三《うちむらかんぞう》は、大文学を生む要素として、「悲惨を知る」ことをあげています。

悲惨から悲哀が生まれ、悲哀のなかから生まれた希望が文学を生み出す、と。

過酷な運命を受け入れ乗り越えてきた野村望東尼のなかに、晋作は

悠々自適かつ超然とした**「静かな空に浮かぶ雲」「野に遊ぶ鶴」**を見て取りました。

実はそれこそ高杉晋作のなかに眠っていたものです。

晋作は望東尼の中に、自分の核（真骨頂）を見たのです。

いくつもの悲しみを受け入れ、乗り越えてきた望東尼は、次第にその存在に慈愛をまとっていったのです。悲哀によって磨かれた歌人・望東尼の希望が革命家・高杉晋作の恐れや余分なものを包み溶かした。そして高杉晋作は、自らの人生を、一篇の「詩」に仕上げる決意ができたのです。そして真骨頂が目覚めた晋作は長州に戻り、功山寺で「これより、長州男児の腕前をお見せする」と出陣していったのです。これが功山寺の挙兵の舞台裏です。

一方、望東尼は、谷梅之助こと高杉晋作をかくまった翌年、志士らをかくまったという罪状で、60歳という老齢で玄界灘の姫島に島流しになっています。家族との別れに際しては、こんな歌を詠んでいます。

「帰らでも　正しき道の　末なれば　誰も嘆《なげ》くな　我も嘆かなじ」

(もう家に帰ってこられないかもしれないが、自分の本心にまっすぐに生きた証だから、嘆かないでほしい。私も嘆かない)

姫島に連れていかれると、島の人たちが物珍しそうに罪人・望東尼を見に群がりました。

牢屋は海に面し、50メートル先がもう波打ち際です。畳はなく板敷にゴザが敷かれているだけ。その狭い牢屋のなかは、クモの巣があちこちにはり巡らされていました。しかも、荒格子には何も貼られていないから、外からの寒風がそのまま吹き荒れる過酷な環境。これからはここで暮らすのか……。時期は極寒を迎えようとしている11月。


「人遣《や》りは　すべきなきものを　おのれから　ここにすみれの　花咲きにけり」

(人に命じられて私は牢屋にいる。でも、牢屋の前の石垣の間に咲くすみれさん。あなたは自分の意志でここに咲いているのね)


病持ちの望東尼は、1日おきに発熱するさまでした。それでも牢獄のなかで、月の光や波の音を感じながら、ひとり座禅を組んでいました。

自分のやってきたことに悔いはない。望東尼は、牢屋のなかでできることをしようと思いました。20日が過ぎた頃、望東尼は牢屋の柱にこう歌を刻んでいます。

「またここに　住みなむ人よ　堪えがたく　うしと思う　二十日ばかりぞ」

(次にここへくるあなたへ。耐えづらく思うのは、最初の20日だけですよ)

次第に、牢屋のなかでさえ心穏やかな望東尼を慕い、島民が牢屋に遊びにくるようになりました。花や食べ物を届けてくれ、禁止されていたロウソクの灯まで持ってきてくれるようになりました。島民たちは、家をつくったとあれば記念に望東尼に和歌を求め、孫が生まれたとあれば和歌を求めました。望東尼は喜んで歌を詠みました。

どこにいようが自分の花を咲かせることはできるのです。

そして、10ヶ月のときが流れた9月16日の昼の3時をまわった頃。望東尼が書き物をしていると、突如、ガチガチと音がしました。閉じ込められていた牢屋のカギが壊され、3人の男たちが突入してきたのです。

「何事!?」

望東尼は長い牢獄生活で、足がおぼつかなくなっていました。男たちはそんな望東尼の両脇を抱え浜へ連れ去りました。

一方、島の役所には、「朝廷から望東尼へゆるしが出たので、身柄を受け取りにきた」と通達を告げに、ふたりの男がきていました。しかし、このふたりは怪しいと疑われ、役人たちと押し問答になってしまいます。そのときです。

パーン！

空気をきり裂くかのように突如、銃声が響きわたり、そのときを待っていたかのように、ふたりの男たちはその場を立ち去りました。ここで役人たちも望東尼が牢屋にいないことに気づき慌てて海へ走りました。望東尼を含めた計7人を乗せた小舟が沖へ出船したところでした。

役人たちは慌てて大砲に弾をこめ、去りゆく舟めがけて2発発砲。しかし弾は外れます。逃げる小舟は玄界灘の追い風にのり、そのまま見えなくなりました。脱出成功です。

これが6人の救出メンバーによる、望東尼奪還作戦です。

この作戦を命令したのは、谷梅之助こと高杉晋作です。

それほどに高杉晋作は望東尼に恩を感じていたのです。

晋作は望東尼を「命の親様」と評しています。

そう最大の謝辞を贈り、望東尼を獄舎から救出したあとも、何不自由ない暮らしを手配しています。

晋作は、この頃、結核にかかっており、最後まで看病をしていた女性おうの（うの）によると、「晋作は60歳を超えていた望東尼を母のように慕い、望東尼が病で寝込んだときには、3階に望東尼が寝て、1階に晋作が寝た。ふたりは寝込んだまま詩と歌のやりとりをするので、私は階段を昇ったり降りたりして、さすがに足が疲れた」と回想しています。

晋作の心に、望東尼がいかに大きな影響を及ぼしていたかがわかります。

望東尼も懸命に晋作の看病をしていたそうです。

高杉晋作の辞世の句といわれる

「おもしろき　こともなき世を　おもしろく……」

これは、「おもしろくもなんともない世の中を、おもしろく生きていくために、あなたならどう考える?」と晋作から望東尼への問いが上の句になっています。これを受けて、下の句を望東尼はこう結んだのです。

「すみなすものは　心なりけり」

おもしろく生きられるかどうかは、現実が決めるのではない。心が決めるのだ、と。

野村望東尼。4人の子どもが生まれてすぐに亡くなりました。追い打ちをかけるように、大切な人が次々と亡くなっていく。病気もわずらった。さらに投獄、脱獄、亡命……。希望なんて何ひとつないように見えた。私は呪われている。そう泣き明かした夜は幾度もある。しかし暗闇のなかで、ついに明かりを見つけたのです。

明かりは、一番近いところにあった。明かりは、いつも私と一緒にあった。その明かりは、私の心そのものだった。どんな現実がやってきても、私の心だけは私の自由にできる。

「冬ごもり　こらへこらへて　一時《いっとき》に　花咲きみてる　春は来るらし」

（冬籠りをしてこらえにこらえていた花がいっせいに咲き満ちる春がきたらしい）

これは、悲しみの底を歩んできた野村望東尼が、人生最後の日に詠んだ和歌です。望東尼は「春がきた」と和歌を残し62歳の天命を全うしました。

望東尼の歌集『向陵集』も、死の直前に完成しています。30年以上にわたって望東尼によって詠まれた歌が、合計1849首収められています。

望東尼は、悲しみのそのひとつひとつを歌に変えて、この地に花を咲かせたのです。

悲しみを歌に変え、志士たちを支えた女の心意気。運命の流れを受け入れた上で立ち向かい、新しい未来を創造していく。

4人の子を失った。しかし、望東尼は激動の時代を凛として生き抜き、新しいニッポンの母になれたのです。

明けない夜はない。
春は必ずくるのです。

瞳に涙がなければ、魂に虹はかからないのです。

WORK

人生が問いかけてくるもの。

心理学者のヴィクトール・フランクルはいいます。

私たち人間がすべきことは、生きる意味はあるのかと人生を問うことではなく、様々な状況に直面しながら、その都度、「人生から問われていること」に全力で応えていくことが大事であると。だから、人生に意味があるのかと問うのではなく、「この人生から、自分はいま何をすることを求められているのか？」と問うのです。人間は、人生から問われている者である、と。

起きた現実のなかに、人生から問われているテーマが隠れています。それはドン底のときほど隠れています。

人生は、「点」でみると幸、不幸は存在しますが、「流れ」のなかで見ると、そこには幸、不幸はなく、すべては伏線、すべては人それぞれのテーマを体験するための「物語」であるともいえます。

野村望東尼は、多くの試練に出会いましたが、それらは高杉晋作はじめ、多くの志士たちを優しく包み、彼らの雲を晴らし、恐れを溶かす、新世界の母になる物語のための伏線だったという見方もできるのです。実子を授からなかった「悲しみの深さ」が、そのまま志士たちを包み込む「慈悲の深さ」に反転しているのです。

人生に立ち塞がる壁こそ、あなたの「物語」を「神話」にする扉になるわけです。

では、歴史を自分の人生に置き換えるワークです。

あなたの人生に立ち塞がるその壁は、どんな未来（自分）へワープするための伏線だと思いますか？

あなたの人生があなたに問いかけてくるテーマはなんだと思いますか？

この人生から、あなたはいま何をすることを求められていると思いますか？

脚本家になったつもりで、あなたの人生という名の映画のシナリオとテーマを見つめてみよう。そして気づいたことを次ページに記しておこう。

WORK

「始」
si

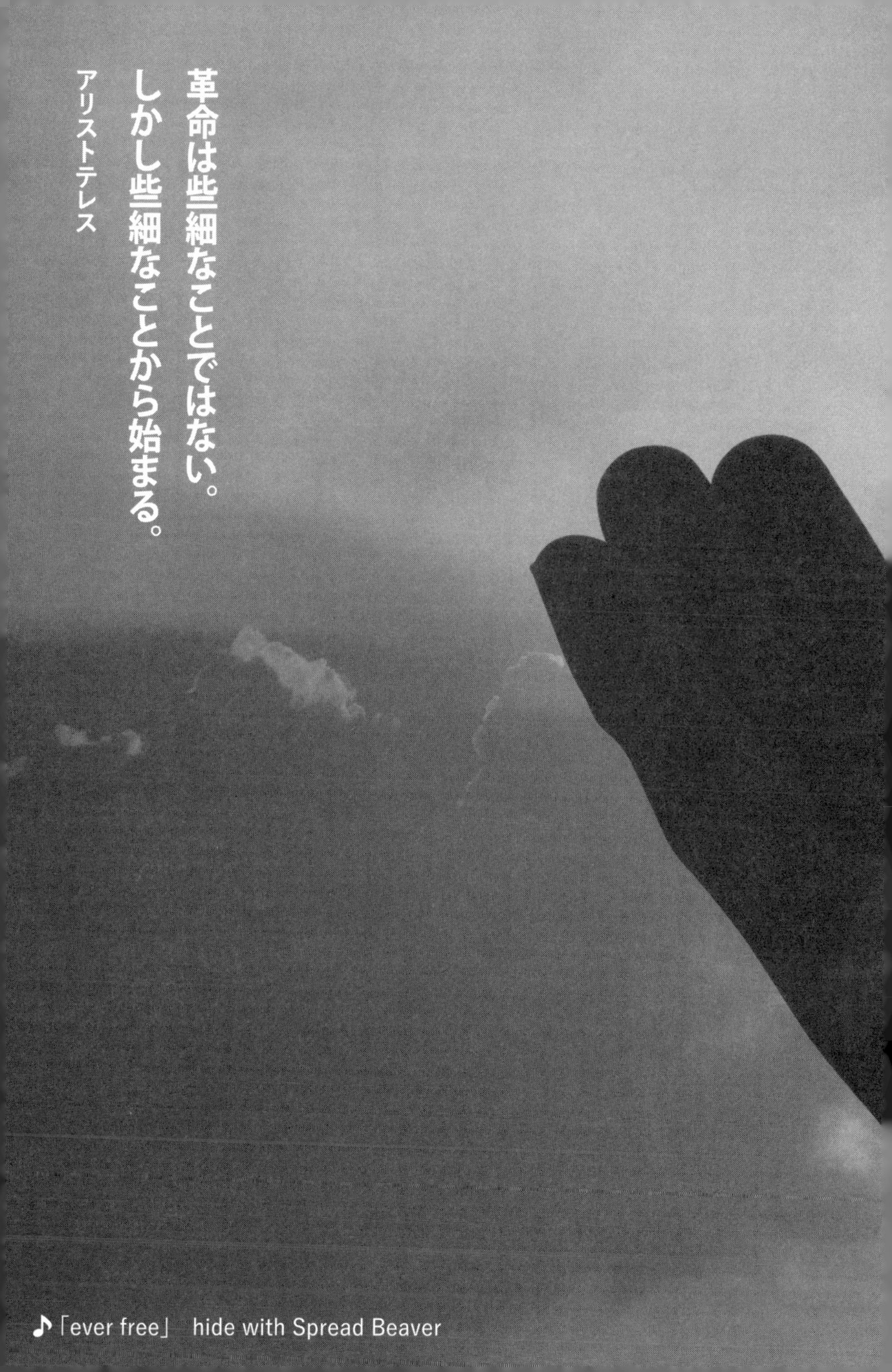

革命は些細なことではない。
しかし些細なことから始まる。

アリストテレス

♪「ever free」　hide with Spread Beaver

第4章 OUTLAW

ジョン万次郎

いつだって革命は、よそ者から始まる。
日本初のアメリカ暮らし、漂流男・ジョン万次郎《まんじろう》。

JOHN MANJIRŌ

明治維新、新世界の幕開けは、この男から始まったといっていいでしょう。文政10年（1827年）の1月1日、土佐の国中浜村（高知県土佐清水市中浜）で生まれた万次郎。後にジョンマンと呼ばれるようになる、その男です。

万次郎は9歳のときに父を亡くし、以来、一家はその日の暮らしにも困るようになり、10歳で丁稚《でっち》として今津家という家の下働きに出ます。そこでは、米つき、子守り、薪割りなどなんでもやりました。母親の汐《しお》は、子どもながら自分を助けてくれる万次郎に感謝しながらも、ちゃんと立派な大人になるように、しつけだけは厳しかったといいます。

ある日のこと。万次郎は玄米をついて白米にする米つきの作業を、丁稚先の主人からいい渡されていました。万次郎は臼のなかに砂糖を混ぜると効率がいいことに気づいて、こっそり砂糖を混ぜて米つきをしていました。しかし、当時、砂糖は高級品。大変貴重なものだった砂糖をムダに使っているのがバレてしまったのです。

主人は烈火のごとく怒り、万次郎はおもわず家を飛び出して逃げました。主人も必死の形相であとを追いかけます。万次郎は海沿いを全力で走りますが、もう逃げきれないというギリギリのところで、その勢いのままダイブ。海へ飛び込んだのです。

万次郎はそのまま隣村まで泳ぎ、停泊中の宇佐浦からきたカツオ船に逃げ込みました。

突然、船に上がり込んでいった万次郎。

「だ、だ、だれじゃ、おまんは!?」

少年が海から上がってきて、ニコッと微笑むやペコリと頭を下げました。

「どうも。はじめまして。万次郎といいます」

実は、新しい時代（明治維新）は、ここから始まったといっていい。

もし、万次郎がこのとき、カツオ船ではなく、まんじゅう屋に飛び込んでいたら……。

日本は外国に侵略され、植民地になっていたかもしれません。


いや、本当に！

突如、万次郎がカツオ船に乗り込んだことで船は大騒ぎとなりましたが、最終的には母親のゆるしを得て、万次郎は偶然飛び込んだこの船の飯炊きとして、宇佐浦で暮らすようになりました。このとき万次郎13歳です。

この2年後、15歳になった最年少の万次郎含む5人の漁師を乗せた、長さ8メートルの小さなカツオ船は、土佐の宇佐浦から黒潮に向かって初漁に出かけました。

漁に出て3日目。天気が急変し暴風雨となり、船内は大混乱となりました。船は荒れ狂う潮に成すすべもなく大きく流されていきます。みぞれ混じりのなか、着物は潮に濡れて凍っていました。漂流して7日目には、漁師たちの体力は消耗し限界に達していました。

まさに、そのときです。

「なんだ、あれは!? 煙が上がっている!」

見えてきた島は、富士山火山帯の一部で、島のほとんどが溶岩のかたまりで、あちこちで白い煙をあげていました。その島は八丈島よりさらに300キロも南に位置する、まるで地獄のような絶海の孤島だったのです。船はそのままその孤島に流れ着きました。

漂流したその島で食べられるのは、海藻や岩山に舞い降りてくるアホウドリだけ。5人はみるみる痩せこけていきます。そんなときに、突然、大地が割れんばかりに揺れました。地震で、棲家としていた洞窟が崩れ落ちてしまったのです。

崩れた岩のなかから、見えてきたものは……**お墓でした。**

自分たちより先にその島に漂着した者たちの墓でした。

もう、この島から出られないんだ……。故郷に帰れないんだ……。ここで死ぬんだ……。早くに父が亡くなった万次郎は、10歳から丁稚奉公で家計を支えるために働きづめだったため、ろくにお母さんに甘えることすらできていません。

おっかあに会いたい……。

万次郎は故郷の母を想い「おっかあ！！！」と、あらんかぎりの声で叫びました。しかし、その声は空に吸い込まれ消えていくだけでした。

漂流から143日が過ぎました。その日、万次郎は磯におりて貝を拾っていると、いつもは海しか見えない景色のはずが、洋上遥か遠くに黒い影が見えたのです。3本マストの大きな帆船。帆船には、いくつもの星が記された旗が風でひらめいています。乗組員30人ほどの米国籍の捕鯨船「THE JOHN HOWLAND」でした。土佐より漁に出て5ヶ月目にして、ついに5人は救助されたのです。

5人は見る影もないほど、ガリガリに痩せこけていました。船内に収容された万次郎たちに、船員は山盛りのイモを持ってきてくれました。5人がイモにむしゃぶりつこうとすると、そこにあらわれた船長が、船員を厳しく叱り始めました。すると船員は慌てて器ごとイモを持って帰ってしまったのです。英語のわからない5人は、何が起きたのかわからず呆然としました。代わりに出てきたのは、ほんのわずかのパンと豚肉と野菜スープ。これでは空腹を満たせそうにありません。

「なんだ、あの船長！　どうしたっていうんだ！」

しかし船長の真意があとでわかります。飢えた状態にある者が急に大量に食べると、死につながることがあると船長は知っていたのです。

船長の名はホイットフィールド。当時38歳。ヒゲ面の巨体で、一見怖そうに見えますが、すこぶる優しい目をしていました。

船長室の壁には美しい女性の肖像画がかかっていたのが万次郎には印象的でした。肖像画は病死した船長の奥さんでした。万次郎はホイットフィールド船長を信頼し、彼が何をいっているのか心から知りたいと思いました。そこで、手のあいた船員をつかまえては身振り手振りで「英語を教えてくれ」と頼んだのです。万次郎の表情に、ようやく子どもらしい無邪気な輝きが戻り始めました。

万次郎は船のなかで自分にできる仕事はなんでも進んでやりました。ときにはメインマストにのぼり、「シー・ブローズ！」と鯨の発見を知らせ、ときには船員たちの洗濯を手伝いました。給仕を手伝い、船長の身のまわりの世話もしました。当時の日本は身分がガチガチに固定されていましたがアメリカは違いました。手伝えば、誰からも「サンキュー・マンジロー」と感謝されたし、誰とでも気軽に会話することができました。アメリカで当たり前のことが、まだまだ当時の日本ではゆるされなかったのです。万次郎はそれがうれしかった。だから、彼は自分にできることを何でもやったのです。

率先してみんなのために働く万次郎は、みんなからとてもかわいがられ、ついには他の船員たちと同じ帽子をもらうことができました。

MADE IN AMERICAの帽子。

万次郎はずっと帽子を離しませんでした。その夜、あまりのうれしさになかなか寝つけなかったといいます。万次郎は船から名をもらい**「ジョンマン」**の愛称で呼ばれるようになりました。

次第に英語を理解できるようになった万次郎でしたが、このあと再び、奈落の底に落とされます。万次郎たちは日本に帰ることができない。その現実をようやく英語で理解したのです。日本は鎖国をしており、外国船はいかなる理由があっても日本に近づけなかったからです。そのことを知った万次郎は、目の前が真っ暗になりました。

「なんで帰れないんだ！　おっかあに会いたい」

船の床を何度も何度も手が腫れるほどにたたきました。でも、それが日本の法律だから、船長もどうしてやることもできなかったのです。

万次郎たちが救助されてから半年、船はハワイのホノルルに寄港しました。万次郎はじめ5人の日本人漁師は、ひとりの宣教師に託され、この地で暮らし、帰国の機会を探す手筈になっていました。よくしてくれた船長とも、ここでお別れです。

でも、やっぱり、船長と別れたくない。万次郎のなかに、アメリカという未知なる国に対する抑えがたい好奇心と憧れが生まれていたのです。何より、なんの偏見も持たず自分たちを優しく迎えてくれた船長に感動し、もっと一緒にいたいと思ったからです。

実は、船長も同じ想いでした。

「ジョンマン、私も君にアメリカを見せてあげたい。アメリカで教育を受けさせてやりたいと思っていたのだ」

こうして、万次郎はハワイで4人の仲間に別れを告げて、アメリカ本土に渡った最初の日本人として、異国での暮らしが始まったのです。場所はマサチューセッツ州フェアヘーブン。万次郎まだ17歳です。子どもがいなかった船長は、わが子のように万次郎をかわいがり、養子に迎えてくれたのです。万次郎のために用意された部屋は、海の見える部屋。海が見えることで、少しでもホームシックが和らぐようにという船長の思いやりでした。

ある日、万次郎は何気なく町の公会堂をのぞいた際に衝撃を受けます。アメリカでは、住民たちが集まって自由に意見を述べ、多数決で町の行政を決めていたからです。政治に庶民の意見が反映されるなんて、身分制度の厳しい日本では考えられないことでした。

「国とは自分たちが動かしていくものなのか……」

しかし、誰もが日本人である万次郎を受け入れてくれたわけではありません。船長が万次郎を連れて教会にいったときのこと。船長は、万次郎を教会の日曜学校へ入れようと考えていました。万次郎が入っていくと、いっせいに視線が集まり万次郎はじろじろと見られました。そして船長が万次郎を自分の家族席に着かせようとしたとき、関係者に「白人以外の者はそこに座ってはいけない」といわれてしまうのです。

このあとも何度も体験することになる人種差別。自由と民主的なアメリカの裏側には、歴然と差別があることを万次郎はこのときはっきりと感じました。しかし、教会でいたたまれない思いをする万次郎を横に、「では、けっこう」と船長は席を立ち、教会をあとにしたのです。なんと、船長は長年通い続けてきたその教会との縁をきってしまったのです。アメリカ人が異国の少年のために教会を変えるなどよほどのこと。船長は万次郎を受け入れてくれる教会を探して、いくつもの教会をまわってくれました。申し訳なく思った万次郎は、その旨を伝えると船長はこういったのです。

「約束したはずだ。ジョンマン、私は君を育てると」

どこまでも思いやってくれる船長を見て、万次郎の心は熱く震えました。

貧しい家に生まれ、寺子屋にも通えず、文字の読み書きができなかった万次郎。しかし、アメリカの学校では、英語・数学・測量・航海術・造船技術を、寝る間も惜しんで勉強しました。あまりに歴然とした差別のあるアメリカで、日本人は劣った人種じゃないことを証明したかったのです。その結果、万次郎は首席になるほどの成績を上げることができました。日本に帰れるあてなどありませんでしたが、万次郎は自分にできることを一所懸命やり続けたのです。

しかし、このとき彼の学んだ知識が、後に日本を大きく変えることになるとは、まだ万次郎自身も知る由はありませんでした。

万次郎は卒業後、捕鯨船に乗り、世界の海をまたにかけて航海しました。アメリカにもなじみ船員に愛されて、なんと船長にまでなっています。しかし、いまだあきらめきれずに胸の奥底にずっと秘めている想いがありました。
片時も忘れたことがないこの想い。

おっかあに会いたい……。

万次郎が9歳のときに父を亡くして以来、母の汐は、女手ひとつで5人の子どもを育てました。万次郎は汐が縫ってくれた着物をずっと大切に持っていました。それをたまに取り出しては母を思い出し、その度に胸が灼かれるような気持ちで涙ぐんでいました。

そして1850年。24歳になった万次郎は、ついに日本帰国作戦を実行に移す決意をします。万次郎は、アメリカで見たことをなんとしてでも日本に伝えたいと思っていたのです。しかし鎖国をしている日本は密出国者は死刑です。日本へ帰ることは死刑になる危険性を大いにはらんでいました。それでも、帰りたいと思ったのは、「おっかあに会いたい」。その気持ちを抑えることなどできなかったからです。万次郎は、死刑になることも覚悟の上、日本へ帰る作戦を考えました。その計画は、「中国行きの船に乗り、日本に近づいたら準備した小型の舟に乗り換え日本に上陸する」というものでした。そのために当時、ゴールドラッシュに沸いていたサンフランシスコへ渡り金を採掘し600ドルの資金を貯め、ハワイへと渡りかつての漁師仲間たちと合流。そしてジョンマンが購入した小舟「アドベンチャー号」を船に載せて出航しました。

漂流してから10年の記憶がフラッシュバックしてきます。その記憶は必ず最後におっかあにいきつきます。おっかあは元気だろうか……。自分が生きていることを早くおっかあに知らせたい。そんな思いが溢れるなか、いよいよアドベンチャー号に乗り換えて日本を目指します。万次郎はずっと海の先を眺めていました。島がはっきりと見えてきたとき、熱いものが込み上げ胸がいっぱいになった。そして1851年、万次郎たちはついに薩摩藩領の琉球（沖縄）に上陸を果たすのです。

しかし、上陸した万次郎は、大切なことを忘れてしまっており、不審人物として捕らえられてしまうのです。**忘れていたのは日本語でした！**

長年、日本語を使っていなかったので、日本語がすぐに出てこなかったのです。

「ワ・タ・シは、オソラク、ニッポンジンです」

「絶対に違うだろ！」

カタコトの日本語しか話せない万次郎は完全に怪しまれました。アメリカのスパイだと疑われ、捕らえられて厳しく尋問を受けることになってしまったのです。

なんと取り調べは7ヶ月にも及びました。しかも、ようやく取り調べが終わり解放されると思いきや、琉球（沖縄）から、今度は薩摩藩（鹿児島）に送られて、そこでまた取り調べをするのだといいます。母への道のりは想像以上に遠かった……。

しかし、薩摩藩で待っていた男は、これまでとはまったく違いました。その男こそ、薩摩藩主、島津斉彬《しまづなりあきら》。殿様自らが万次郎に会い、聞き取り調査をしたのです。斉彬は幕末を代表する名君で、外国のいいところはちゃんと取り入れて日本を新しくしていこうという先進性と柔軟性を持っていました。斉彬は万次郎たちに食事まで振舞ってくれました。このときの箸の上手な使い方を見て、万次郎が本当に日本人だということを斉彬はすぐに見抜いたのです。

「やっぱり、君は本当の日本人だったんだね」

「イエス。ボクハ、キット、ニッポンジンぜよ！」

「……キットはいらないから」

万次郎は日本語をかなり忘れていますから、こんな会話もあったかもしれませんね(笑)。とはいえ、次第に万次郎は日本語を思い出し、斉彬ならわかってくれると思い、アメリカで学んできたことを話し始めたのです。万次郎は、いつかこんなかたちで、アメリカで学んだことを日本のために活かしたいと思っていたので、情熱を込めて語り尽くしました。

万次郎は身分制度のない民主主義アメリカの政治体制の話から、鉄道、航海術から、ファッションに至るまで詳細に語りました。

「アメリカでは、耳に穴をあけている者がいます」

「耳に穴だと?」

「はい。その穴にガラス玉をぶら下げた糸を通しています」

「それは拷問か?」

「いや、おしゃれです」

「では、わしもやってみようか」

「……殿様はやらないほうがいいと思います」

こんな会話もあったかもしれませんね(笑)。

斉彬は取り調べで万次郎の話を一言も逃さないように食い入るように聞いたようです。そして、優秀な家臣を選抜し、万次郎から航海術や船舶知識を吸収させたのです。そのおかげもあり、薩摩藩は、この数年後に日本初の国産蒸気船の製造に成功。そして、薩摩藩は、高杉晋作のいる長州藩と共に徳川幕府を倒す担い手となっていくのです。

ついでながら伝えておくと、この斉彬の家臣から、あの西郷隆盛が出てきます。また、後に坂本龍馬の師匠となる勝海舟《かつかいしゅう》の才能にいち早く気づき、幕府の老中の阿部政弘《あべまさひろ》に紹介したのも斉彬です。

48日間に及んだ薩摩での取り調べがようやく終わりましたが、今度は幕府の長崎奉行所へ送られることになりました。母への道のりは本当に遠かった。しかし、長崎での取り調べを終えると、ついに解放されることになったのです。生まれ故郷の土佐に戻れることになったのです。

万次郎は行方不明から11年10ヶ月ぶりに土佐に戻ってこれたのです。アメリカを知った万次郎には、逆に、日本の美しいところも見えていました。土佐の海は、松のにおいがしました。砂はやわらかく、大地、空気、そのすべてが優しく、頬ずりしたくなるような懐かしいものだったといいます。

そして、ついに自分を生んでくれた母、汐との対面となりました。

汐は当然、万次郎は死んだものと思っていました。そこで、近くの大覚寺の境内に30センチ弱の丸い自然石を置き、万次郎の空墓にして、1日も欠かさずお墓参りを続けていたのです。そこに万次郎が帰ってきたのです。

万次郎が帰ってくるとの噂を聞きつけ、浜にはたくさんの人が集まっていました。紺碧の海に夏の光がキラキラ反射していました。浜辺の人垣から、ひとりの女性があらわれ、万次郎に近づいてきました。手を伸ばせば触れられる距離まできました。この瞬間を何度、夢に見てきたことでしょう。万次郎は、母が小さくなったように感じました。しかしそれは違いました。万次郎が大きくなっていたのです。体の内側から熱いものがとめどなく込み上げてきます。


「おっかあーーーーーーーーーー。

万次郎だよ。帰ってきたよー。会いたかった！」

感情が突き上がるように湧き上がり、母の汐は肩が震えていました。再会の日、汐は「本当に、万次郎ですか？　本当に、万次郎ですか？　私のせがれの万次郎ですか……」と幾度も問うたそうです。まさか息子が生きてくれていたとは……。汐の瞳に涙が溢れました。

アメリカ本土で、たったひとりの日本人。差別を受けたことも数えきれないほどありました。その度に、母を思い出しては乗り越えてきた。万次郎は、この日をずっと夢見てがんばってきたのです。

夢にまで見た母が、いま、自分の腕のなかにいる。万次郎は母をぞんぶんに感じました。そして、これからは母国、日本のために働こうと想いを新たにしたのです。

このあと、万次郎は幕府に招かれて江戸へいき、幕府直参《じきさん》となり、故郷である中浜を姓として授かり、中浜万次郎と名乗るようになりました。異例の大出世の背景には、ペリー率いる黒船来航によりアメリカの情報を必要としていた事情もありました。

時代が中浜万次郎を必要とし始めたのです。

ここからの万次郎は、翻訳や通訳、造船指揮、人材育成にと大活躍をします。日米修好通商条約の批准書《ひじゅんしょ》交換で咸臨丸《かんりんまる》がアメリカに派遣されたときには、通訳と操船の両方で大活躍をします。この船には、若き日の福沢諭吉も乗っていました。こうして万次郎がつかみ取ったアメリカの社会事情と近代技術は日本維新の礎となったのです。

異国の地に流されて、日本に戻れるかどうかもわからないなかで、それでも万次郎は目の前のことを懸命にやり続けました。そんな月日があったからこそ、万次郎を応援してくれるホイットフィールド船長があらわれ、新たなステージが出現したのです。

万次郎はどんなときにも、いまやれるベストを尽くすことで、絶望の「壁」のように見えた現実を、新しい日本へワープする「扉」に変えたのです。

ホイットフィールド船長とは、明治3年（1870年）に、アメリカで20年ぶりの再会を果たしています。万次郎がホイットフィールド家のドアをたたくと、船長は「俺の息子だ。ジョンマンが帰ってきてくれたか」といって、万次郎を抱きしめ頬ずりをしたそう。万次郎は溢れる涙を抑えることができなかったといいます。

さて、この万次郎の数奇な人生が、実は日本の夜明けにつながっていきます。

万次郎が生まれ故郷の土佐藩で事情聴取を受けた際に、記録係を担当したのが、長崎に遊学し蘭語の知識もある、河田小龍《かわだしょうりゅう》という画家でした。

河田小龍は、万次郎を自宅に寄宿させ、10年以上のアメリカ体験談、海外事情を筆記し、それに絵も併せて記しました。万次郎はアメリカの先端技術を伝えるのに相当苦心したようです。たとえば「レイロー」。鉄道のことですが、当時、日本には汽車を見たことのある者はいませんでした。万次郎は、何日も何日もアメリカという国の技術、文化、そして、自由という概念とカンパニーなる組織について、河田小龍に語りました。

そして、1854年の秋が深まる頃。

日本の運命を変えることになる地震がやってきます。紀伊半島から四国沖を震源とするマグニチュード8・4の巨大地震（安政南海地震）が、この土佐の地を震わせたのです。その日、土佐は小春日和で、高知城下で相撲の巡業がおこなわれ、多数の見物客がつめかけていました。はじめの揺れはゆるやかだったものの、それが徐々に強くなり激震となり大混乱になります。この地震で河田小龍の自宅は全焼し、引っ越しをよぎなくされることになりました。引っ越した先は、現在の高知の上町。鏡川が流れて土手には樹木が立っていました。その川にかかる月の瀬橋の近くに、小龍は越してきて塾を開いたのです。

ある日、その塾に、引っ越した先の、すぐ近所の男が訪ねてきました。

「河田小龍先生はおりますろうか？」

「誰かねや？」

玄関に大男が立っていました。色黒で頬は少しこけていて、目は少し角が立っている。眉の上には大きなイボがあり、髪は縮れ上がっています。なで肩で左肩が少し上がっている。一見、怒っているかのような印象を与えるその男は、こう名乗りました。


「坂本龍馬、いいよります」

WORK

若者・馬鹿者・よそ者

革命が起きるとき、そこには〝3つの者〟が必要になるといわれています。

それが

・若者
・馬鹿者
・よそ者

この3者です。

この3者は、見事に明治維新にも当てはまります。幕末の志士たちは、若者が中心です。また、吉田松陰は馬鹿正直過ぎて命を落としていますし、坂本龍馬だって、先生があきれて塾をクビにするくらいでしたから、文字通り馬鹿者だったといっていいでしょう。では最後のよそ者に当たるのは誰か？　それが万次郎でした。

僕らは、普段、常識というフレームのなかで生活しています。でも、行き詰まったときというのは、従来の枠組みのなかに答えがない場合が多いのです。そんなときは、フレーム（常識）のなかをいくら探しても答えは見つかりません。だから、慣れ親しんだ場所を離れて、居心地の悪い、「フレームの外にある答え」を探しにいかなければいけないのです。

新しい答えは、いまのフレーム（常識）の外にあるからです。

まだ常識が追いついていない「未常識」のなかに未来の萌芽はあるのです。

若者、馬鹿者、よそ者は、既存のフレームになじめていないので、外にある答えを見つけやすいのです。だから、英雄物語はいつだって慣れ親しんだ共同体（フレーム）に別れを告げるシーンから始まります。

万次郎は、ハワイで仲間と別れて、たったひとり、まったく違う世界アメリカ本土に足を踏み入れ、そこで生活を始めました。それが日本の夜明けの種となったのです。

フレームの外に、勇気を持って一歩踏み出すのです。脱落するのです。

そのとき、あなたが現代のジョンマンとなります。


あなたは今、どこから脱落する必要がありますか？

最近、若い人の話を聞きましたか？

いつもは会わないような人に最近会いましたか？

いつもと違うやり方を試しましたか？

いつもと違う音楽を聞いて、いつもと違う服を着て、いつもと違う髪型で、いつもと違うメイクで、いつもと違う人、異文化に触れにいこう。

いつもと違う場所で、いつもと違う未来の兆しと出会えます。

WORK

「糸」

si

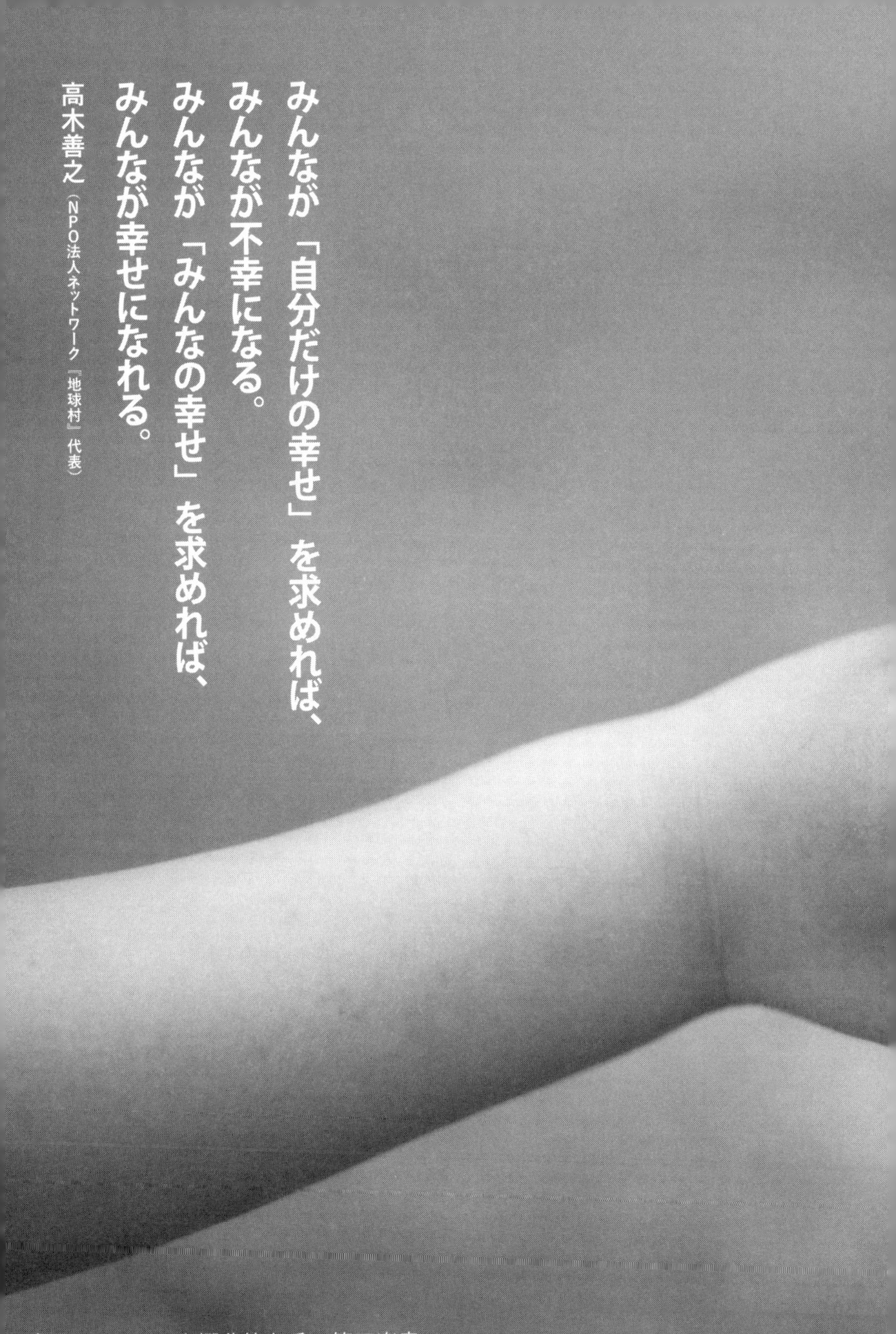

みんなが「自分だけの幸せ」を求めれば、
みんなが不幸になる。
みんなが「みんなの幸せ」を求めれば、
みんなが幸せになれる。

高木善之（NPO法人ネットワーク『地球村』代表）

♪ ベートーベン交響曲第九番　第四楽章

第5章 FREEDOM

坂本龍馬

RYŌMA SAKAMOTO

血の流れない、美しい革命を目指した
ブーツを履いた優しいサムライ・坂本龍馬《さかもとりょうま》。

天は最悪な状況のなかに最高の希望をそっと忍ばせます。
地震で家を失った河田小龍は、なんと坂本龍馬の近所に引っ越してきたのです。過酷な漂流から始まったジョンマンの「アメリカで学んだことを母国のために伝えたい」というココロザシは、河田小龍を経由して、坂本龍馬の手に託されることになるのです。
小龍と龍馬。同じ龍を名に持つ者同士、ふたりの龍の運命は地震をきっかけに交差したのです。

ふらっと小龍の塾に遊びにきた坂本龍馬。このとき龍馬は20歳、小龍は31歳。小龍は、まず龍馬の大きさに驚いたといいます。当時の男性の平均身長は150センチ後半。しかし、龍馬の身長は175～180センチ、体重は約80キロあったといわれています。しかも剣道で鍛え上げているので、筋肉も締まっていました。

小龍との出会いのタイミングもよかった。このときの龍馬は、剣術修行でいった江戸で黒船を目撃したばかり。龍馬は、アメリカとの圧倒的な技術の差を目の当たりにして、しかも、彼らがいつ攻めてくるかもわからない状況に、日本をどう守ればいいのか、自分なりに想いを巡らせていたときだったのです。どんなに剣の腕前を磨いたところで、大砲の弾には勝ちようがない。大砲の弾から日本を守るためには、何をすればいいのだろう……。

このあとも龍馬は何度も小龍の家を訪ね、ジョンマンの話を聞いています。

一番驚いたのは、黒船を日本に差し向けてきたアメリカには、身分の階級がないということでした。アメリカでは、大統領（将軍）を選挙用紙で町民が選ぶ。だから、農民や漁民だって、誰もが大統領になることができる制度があった。

それは、当時の日本では考えられないことでした。身分は絶対であり、職業の選択の自由もありませんでした。身分が違えば、好きな人と結婚もできない時代だったからです。

特に土佐は身分制度の厳しい地域で、差別は徹底されていて、身分の低い者は、そもそも藩の役職にはつけず、道ですれ違うときも、たとえ雨の日でも、ぬかるみのなかで正座をしてお辞儀をしなければいけなかったのです。日傘や下駄を使用できるのも身分の上の上士だけ。龍馬も何度も屈辱的な目にあっていました。

小龍は龍馬にいいました。

「なあ、龍馬、これからは海を制する者が世界を制するぜよ。海から金銀が湧いてきちゅう。海を通して世界はつながっちゅうから、西洋との貿易を通じて力をつけて、西洋文明に追いつくことが先だ。

名案がある者は案を出し、お金がある者はお金を出し、働ける者は働き、身分に関係なく、やる気のある者が参加できて、儲けたお金をわけ合うカンパニー（会社）っちゅう仕組みもある」

小龍はジョンマンから教わった情報を龍馬に伝えました。龍馬の細い目が輝きを増していきます。龍馬の義理の母の嫁ぎ先が廻船問屋で、その家に貼られていた世界地図を目にしていたこともあり、龍馬は小さい頃から日本の小ささを知っていました。

桂浜の先の青い海の向こうには、大きな世界が待っちゅう……。

龍馬の想像はどこまでも広がっていきました。

「なあ、小龍先生。わしは7つの海に出て、広い世界を見てみたいぜよ。わしは小龍先生がいうカンパニーをいつか必ずつくるきに、船も買うきに、日本をひとつにするきに、じゃから小龍先生は、ここでどんどん人を育ててもらえないだろうか？　わしがいつかつくるカンパニーで全部ひきうけるきに」

「ははははは。おまんは大ボラ吹きじゃな。そこまでホラが吹けたら上等よ」

小龍は龍馬の妄想を笑いました。龍馬の妄想がこれからの10年で本当になっていくとは、小龍はこのとき夢にも思わなかったはずです。

「小龍先生、約束じゃあ。わしはカンパニーをつくって外国と商売して、こじゃんと儲けるきに、それで外国に侵略されないように海軍もつくるきに」

とはいえ、このとき龍馬は20歳。どうすれば、この日本でカンパニーをつくれるのか、まったく見えていませんでした。いや、龍馬だけではありません。同時代の誰もがこの先の未来が見えていない状況だったのです。

龍馬の人生が劇的に動き始めるのが、8年後の28歳からになります。

小龍の塾では、もうひとつ、龍馬は重要なものと出会っています。

老子の哲学です。

老子の読み合わせのとき、塾生のひとりが龍馬を馬鹿にしたように「おまんに老子が読めるがか?」と尋ねました。龍馬は「読めんけど意味はわかる」と答えたと伝わっています。漢字を眺めていると意味が伝わってくる、と。

人之生也柔弱、基死也堅強。
万物草木之生也柔脆、基死也枯槁。
故堅強者死之徒、柔弱者生之徒。

「人間は生まれたときは、柔らかい体を持っちゅう。死んだらかたくなって動かんようになる。この世のすべての草や木もそう。生まれたてのときは、みんな柔らかくて、ふにゃふにゃしちゅう。死んだら、枯れてかたくなる。だから、なんでもかたく考えたり、えらそうにしちゅうやつは死の仲間ぜよ。実際、そういうやつは、すぐに人を斬りゆう。ゆったりと考えたり、弱い者の立場で考える人間は生の仲間ぜよ。

この『老子』は、本当に愉しく生きるためにはどうしたらええかを書いちゅうがよ」

龍馬の見事な解説に、冷やかした塾生はみんないっせいに黙ったといいます。

龍馬は学力があったわけではなく、むしろ落ちこぼれで泣き虫で11歳になるまでおもらしをしているような子どもでしたが、本質を掴む力があったのです。

ゆったり、優しく、まあるく、弱い者の立場で考える。

生涯にわたって、龍馬はそのように考えました。後に、老子からとった『自然堂《じねんどう》』という号を龍馬が名乗っていたことからも、龍馬は老子の考えが好きだったことがわかります。

小さい頃、「坂本の泣き虫」といじめられた体験から、弱い者への優しい視線が芽生えたということもあったのかもしれません。

北辰一刀流免許皆伝の腕前を持つ剣術の達人だったにもかかわらず、その剣を生涯一度も抜いたことがないのも龍馬らしい点です。

さて、28歳になった龍馬は、剣術修行を理由に、許可を得て藩を出て、その足で長州に向かいます。仲間の武市半平太《たけちはんぺいた》から、長州に書簡を届けることを頼まれていたのです。

届ける相手は松下村塾の四天王のひとり、久坂玄瑞です。

久坂は色白で身長も180センチあり、趣味が詩吟で声が大きく、かつ美声であったと伝わっています。吉田松陰が自らの妹との結婚をすすめたほど最も期待した男です。

龍馬が久坂と出会ったとき、松陰が亡くなってから3年が過ぎていました。

久坂が、ここで龍馬に対して吠えるのです。

「坂本くん、君はなんのために剣を学んでいるんだ？
『なんのために？』。僕らが松陰先生から最初に問われた質問だ。
もう、大名も公家もあてにならない。身分も関係ない。僕たちが結束して、時代を変えるしかないだろ？
なあ、坂本くん。誰かをあてにしていたら何も変わらない。いまこそココロザシある人物が立ち上がるときだ。日本のためなら、僕らの長州藩だって君の土佐藩だって、なくなってしまったっていいと思っている。僕らは、もっと大切にしなきゃいけないものがあるだろう」

龍馬は唖然としました。当時、藩（現在の県）は国なのです。だから勝手に脱藩することは、死罪になることさえありました。それを日本のためなら藩は滅んでもいいとまで久坂はいっているのです。

吉田松陰のスピリットを受け継いだ若きリーダー久坂玄瑞には、龍馬が、なまぬるく生きているように見えたのです。

このとき久坂は龍馬より5歳年下の23歳です。

当時は、街灯もありません。夜は漆黒の闇に包まれます。でも、その分、いまでは考えられないくらい星がまばゆいばかりに輝いていました。その満天の星空のなかを龍馬は長州（山口県）から土佐（高知県）に向けて帰路を歩き続けていました。

頭のなかでは、ずっと久坂玄瑞の言葉が駆け巡っていた。

「なんのために生きるのか？」

「何を成すために生きるのか？」

野を駆ける風の音だけが響くなか、土佐に向けて龍馬は山深い峠を歩き続けました。

龍馬の頭に「脱藩」の文字がよぎりました……。

この当時、生まれた藩を許可なく出る「脱藩」は、死罪になることすらある大罪です。さらに、その罪は親類縁者にまで及びます。龍馬が脱藩することで、坂本家がとり潰される可能性だってあるのです。それに、脱藩すればもう二度と故郷に戻れない。お兄さんともお姉さんとも、家族とも二度と会えないのです。食べるものにも困り、野垂れ死にすることだってありえます。

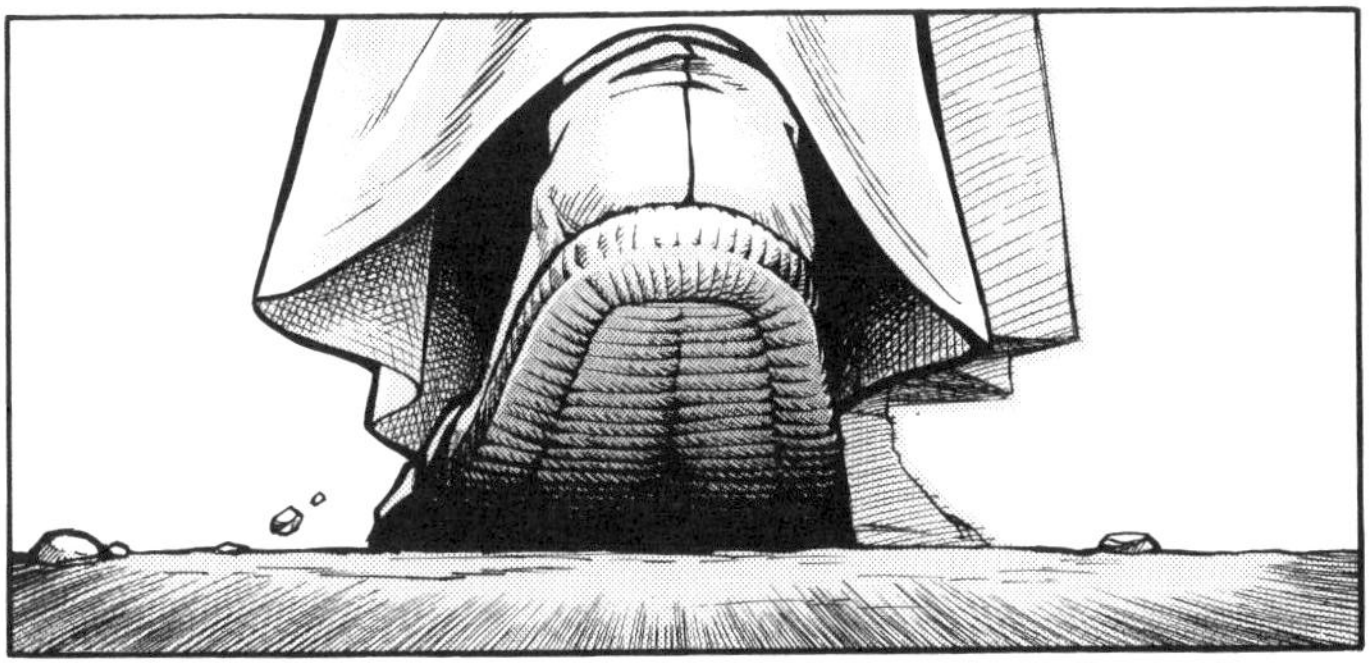

でも、龍馬は痛いほど知っていました。

人はいつか死ぬことを……。

龍馬のお母さんのお幸は、40歳のときに龍馬を出産後、病気がちとなり、病気がうつってはいけないと龍馬は母の部屋に近づくことを禁止されました。末っ子だった龍馬は、誰よりもお母さんに甘えたかった。でも龍馬が12歳のとき、お母さんは病気で亡くなってしまうのです。

人はみんな死ぬ……。人生のゴールは死……。

ならば本心が望むように思いきり生きたい。

龍馬は満天の星空の下、長州から土佐へ黙々と歩いていました。8年前、20歳のときに、河田小龍の塾で垣間見た、未来の妄想ともいえるイメージに胸躍り、ときめいていたことを思い出した。

ザ・フリーダム！

ガチガチの身分制度に縛られた土佐藩で生きるより、カンパニーを引っさげて7つの大海を旅するような、もっと自由な世界で生きてみたい……。

龍馬は、ジョンマンが見てきた世界というものを、自分もこの目で見てみたいと思ったのです。

でも、どうすれば、ジョンマンが見てきたような世界を生きられるのか、考えても考えても答えは出ません。

ならば、わからないまま進むしかないぜよ……。

久坂と出会って、わずか1ヶ月後の3月24日。

龍馬は、まわりにこういって出かけたと土佐では伝わっています。

「桜を見にいく」

龍馬はそういって、慣れ親しんだ土佐藩を脱藩したのです。

龍馬が見たかった桜とは、未来の自由なニッポンです。

龍馬は、松陰のココロザシを受け継ぐ5歳年下の久坂玄瑞の一喝によって目を覚まししたのです。

「決断」とは、決めたら退路を断つと書きます。

龍馬は心ときめく新世界を迎えにいくために、家族との別れを決断したのです。

脱藩とは、自分に素直に、自分の本心ど真ん中を生きるという宣言です。

脱藩とは、すべてを捨て不安の最前線に身を置き、未来の兆しを掴み取ろうとする冒険です。

脱藩とは、自分の胸躍る方にいくというファンファーレです。

脱藩した龍馬は、四国山脈を越えて、吉田松陰の故郷、長州に入ります。その後、九州を巡り、そしてかつて剣術修行をした江戸へ向かっています。その江戸で龍馬は運命の人との出会いを果たします。

勝海舟です。

弟子に準備がととのったとき、師もまたあらわれる。

「最初に、龍馬は勝海舟を斬りにいった」と一般的にいわれていますが、それはないといっていいでしょう。

脱藩浪人である龍馬が、幕府軍艦奉行の勝海舟に、いきなり会えるわけがないのです。龍馬は、習っていた剣術の北辰一刀流の千葉重太郎《ちばじゅうたろう》からの紹介で、福井藩16代藩主・松平春嶽《まつだいらしゅんがく》と面会。そしてその松平春嶽からの正式な紹介状を持って、勝海舟のもとを訪ねています。松平春嶽が勝海舟を斬ろうとしている男に正式な紹介状を書くわけがないのです。

龍馬は、なぜ勝海舟に照準を合わせて会いにいったのか。勝海舟は、このときすでに幕府の役人としてアメリカの地を踏んでおり、世界情勢を身をもって知り、未来のビジョンを持っていたからです。龍馬は勝海舟と出会ったその場で、頼み込んで弟子入りを果たしています。勝海舟の説いた、世界情勢と海軍の必要性、そして未来のビジョンが、龍馬にはすんなり理解できたからです。それもそのはず。河田小龍を通してジョンマンの話を聞いていたからです。龍馬が「万次郎は私の恩師」と語っていることからもわかります。

龍馬は、その場で勝海舟に弟子入りし、勝の右腕として勝海舟が進めていた海軍操練所設立のために奔走することになります。

幕府の高官である勝海舟に気に入られた龍馬は、ここから一気に世界が広がります。20歳の頃、土佐の小龍と話していた妄想ともいえるホラ話に向けて、いよいよ動き始め、ここから3年後の31歳で、龍馬は日本最初のカンパニー「亀山社中」をつくっています。「亀山」は長崎の活動の拠点の地名で、「社中」は「仲間」という意味で、20人ほどの若者でカンパニーを立ち上げています。

外国の船を買い、運送業や貿易をやりながら儲けたお金でまた船を買う。外国の軍艦が攻めてきたときはその船で日本を守れるように、航海術に磨きをかけながらビジネスをするわけです。

日本を守ることとビジネスをひとつにつなげたのが龍馬のカンパニーです。

実は、小龍も小龍で、10年前に話した龍馬との約束をちゃんと守っていました。小龍のつくった私塾から、長岡謙吉《ながおかけんきち》、近藤長次郎《こんどうちょうじろう》、新宮馬之助《しんぐううまのすけ》など、龍馬の右腕となる優秀なメンバーを龍馬のつくったカンパニーに送り込んだのです。

（龍馬のカンパニー「亀山社中」は後に、海から日本を応援するという意味で「海援隊」という名に代わり、龍馬の死後は土佐藩の岩崎弥太郎《いわさきやたろう》が引き継ぎ、これが三菱財閥となります）

龍馬は勝海舟と触れ合ううちに「この国をニッポンとしてひとつにまとめなければいけない」という使命感が生まれていました。日本をひとつに団結させなければ、外国に侵略されかねない状況だったからです。龍馬が「日本《ニッポン》を今一度せんたくいたし申候」とお姉さんに手紙を書いているのも勝海舟に弟子入りした翌年です。「日本」という文字に「ニッポン」とルビを龍馬がふっているのは、まだ「日本」という概念が一般大衆にはなかったからです。

日本初のカンパニー
〈亀山社中〉
（のちの 海援隊）
亀山社中
SoftBank
※ちなみに…
龍馬好きの孫正義さんは
海援隊の旗のマークを
色を変えて
ソフトバンクのロゴに
しています。

日本《ニッポン》を今一度せんたくいたし申候

ニッポンを洗濯するためには、まず、徳川幕府を終わらせないといけなかったわけですが、高杉晋作の弟子、田中光顕は幕末当時のことをこう振り返っています。

「幕府という存在は、まるで天地そのもののようであり、倒幕々《とうばくとうばく》と走りまわりながらも、実のところ、幕府が倒れるとはとても思えなかった」

そう、この時代、幕府は圧倒的な存在として君臨していたのです。

もちろん徳川幕府には、日本の文化や精神を熟成させたなど、素晴らしい面はたくさんありました。ただ２５０年以上も続いていたので、様々なところに制度疲労がおきていました。薬に必ず副作用がともなうように、あらゆる制度や仕組みにも「効果」と「逆効果」が存在します。効果が上まわっている間はいいのですが、逆効果が上まわる場合は、チェンジ（革命）が必要となります。

幕末において幕府は、世襲する役人たちが自分たちの地位に甘んじるなど、あきらかに逆効果のほうが上まわっていました。

ならば、Chance to Change.

幕府を終わらせて新世界を迎えにいく。

まず、龍馬が目をつけたのは、薩摩藩（鹿児島県）と長州藩（山口県）でした。ジョンマンから学び、そして多くの工場をつくり近代化を進めていた島津斉彬からバトンを受け継いだ西郷隆盛のいる薩摩藩と、高杉晋作たちの長州藩。最も勢いをつけている両藩です。

幕府を倒すには、このふたつの藩の手を結ばせる必要がありましたが、それは至難のワザでした。

というのは、薩摩と長州は、お互いに天敵と憎しみあっていたからです。このふたつの藩は、政治の主導権を争うライバルで、1864年の蛤御門の変では、血で血を洗う戦いをしています。長州では、松下村塾四天王のふたり、龍馬の心に火をつけた久坂玄瑞と入江九一が、この蛤御門の変で命を落としています。薩摩と長州、友人や家族を殺されている相手と手を組めるわけがないのです。

長州藩では、草履の裏に「薩賊《さつぞく》」と書くほど相手を憎んでいました。いまでいうなら靴の裏に**「ファックユー薩摩」**と書くようなものです。

では、この恨み合う2藩の手を結ばせるのに、龍馬はどうしたのか？

まず、相手の立場になって考え、相手が望むものを見出していったのです。長州藩が喉から手が出るほどほしかったのは最新鋭の武器でした。この時期、長州は、高杉晋作が功山寺挙兵に成功し、長州をひとつにまとめ幕府を倒すと名乗りを上げていました。一方、幕府は長州潰しに乗り込もうと準備を始めていたところ。

15万人の幕府軍が大挙して長州に攻めてくる。迎え撃つ長州藩としては、武器はいくらでもほしい状況でした。しかし、幕府はヨーロッパ諸国に通達を出し、長州藩との武器の取引を全面的に禁止したため、長州藩は武器を調達できずに苦しんでいたのです。

一方、薩摩藩は米が不作で困っていました。この両藩の状況を見て、龍馬は思いついたのです。武器を薩摩名義でイギリスから買い入れ、こっそり長州に売り、その見返りに、米を長州から薩摩に届ける。つまり、両者が喉から手が出るほどほしいものを与え合うことで、徐々に両藩の仲をとりもとうと。

しかし、それを成すには船を持っていて貿易の実績がないとできません。何より、外国とのつながりを持っていないとできない。また、どこかの藩に属していたのでは幕府の手前できません。そう考えると、それができる人はただひとりしかいないことがわかります。日本初のカンパニーを率いる脱藩浪人・坂本龍馬ただひとり。

しかも、その船の運用権を、龍馬のカンパニーが担当することで、カンパニーにも利益が上がるというおまけつきです。

実は坂本家は、商人であり武士である町人郷士という特殊な身分の家で、商売もやっていましたから、龍馬にも商人の血が流れていたのです。さらに坂本家の源流は、**「売り手よし、買い手よし、世間よし」**の三方よしの哲学で知られる、近江商人の本拠地、近江の地なのです。

幕末から明治期に、500もの会社の立ち上げにかかわった渋沢栄一《しぶさわえいいち》が掲げた**「士魂商才《しこんしょうさい》」**の先駆けといっていい存在が龍馬だったのです。

士魂商才とは、「サムライの魂」と「商売のセンス」を併せ持つ者をいいます。

「サムライ」の語源はプロローグでも触れた通り、「さぶらふ」という動詞で「大切なものを守る」という意味です。大切なものを守るために、より素晴らしい世界をつくるために、そのためにお金を利用して実現するのです。

士魂商才
より素晴らしい世界をつくるために（士魂）仕事を生み出し、お金を循環させる（商才）

目的は魂（ココロザシ）。そのための手段が仕事（お金）。それが士魂商才です。


龍馬は当時では珍しい、お金の本質がわかるサムライだったのです。

アイデアを出せる者はアイデアを出す。お金はお金がある者が出す。

そのお金で、船で運送業をしたり、出版事業をしたり、仕事ができる者は仕事をする。

みんなができることを出し合い、上がった利益はみんなでわかち合う。

「通貨」の本質は貯め込むことではなく、「通過」（循環）させることであり、自分のお金なんかこの世界に1銭もないと龍馬はお金の本質をつかんでいたのです。

だから龍馬は、利益を自分で独占することはなかった。ボスの龍馬もヒラ社員も一律同じ給料でした。まさに均等にわかち合って循環させていたのです。

また、龍馬のカンパニーは身分を問わなかったことから、武士も農民も町人もいたし、様々な藩の脱藩浪人がいました。そして、若者たちが自由な空気のなか、仕事を生み出していたのです。未来においてつくりたい理想の社会のあり方を、龍馬は自分のカンパニーのなかですでに実現していたのです。龍馬にとってカンパニーこそ「新世界の雛形」だったのです。

話を戻すと、龍馬は自らのカンパニーで相手の望むものを互いに循環させながら、憎み合っていた薩摩と長州の距離を徐々に縮め、その上で薩摩と長州に世界情勢を説きました。いまこそ、ひとつにまとまるときだ、と。いま何をすべきか。各藩の体面ばかり考えてないで、この国を真にニッポンにしなければいかんぜよと。

こうして、薩摩と長州は徐々に和解していき、慶応2年（1866年）1月21日、犬猿の仲だった2藩がついに手を結んだのです。これが歴史的にも有名な「薩長同盟」です。

こうして龍馬の天才的な交渉術が功をそうし、薩長同盟が結ばれ、薩摩と長州が手を結び、窮地におちいっていた高杉晋作率いる長州藩が息を吹き返すわけです。

この後、徳川幕府が兵を挙げ、長州を潰しにきますが、龍馬の薩長同盟の計らいもあり、強国・薩摩軍は幕府軍には加わらず、しかも裏では薩摩名義で買った最新鋭の武器が長州に流れています。

このあたりは、高杉晋作の章で書いた通りですが、幕府軍を敗った高杉晋作率いる長州藩の奇跡には、その背後に龍馬の力添えがあったわけです。

しかし、王者・徳川幕府もこれ以上、龍馬に自由に動かれてはたまりません。反撃に出ます。

薩長同盟が結ばれた2日後の1月23日深夜に寺田屋事件が起きます。

京都の旅館、寺田屋には、龍馬の彼女おりょうさんが働いていました。龍馬が寺田屋に入ったという情報を入手した幕府は、龍馬ひとりを捕まえるために、１００人を超える幕府側の追っ手で寺田屋を包囲します。１００人で囲むというのは、北辰一刀流の使い手である龍馬を、幕府は相当警戒していたことがわかります。

夜中に、おりょうさんがお風呂に入っていたときに、お風呂の窓から、裏通りに幕府側の追っ手が多数、寺田屋を囲んでいたのが見えたのです。おりょうさんは慌てて龍馬のいる2階へ裸同然で駆け上がり状況を知らせます。

この日、龍馬はこう思ったんじゃないでしょうか。

「捕まえにきてもいい。でも、くるのはチューの後にしてほしいぜよ！」

革命家の人生とは、いまこれからまさにチュー！というときだって、敵は押し寄せてくるのです。

幕府側に襲撃されたこのとき、龍馬は「薩摩藩士に無礼じゃないか」と、最初はすっとぼけて他人のふりをしています。土壇場でも、龍馬、なかなかの演技派ですが、すぐにバレます。

幕府側の追っ手も続々と2階に上がり、龍馬の身を守るボディガードである長州藩の三吉慎蔵《みよししんぞう》が槍を持って構えます。

息を殺し、相手の出方を待ちます。

敵100人に対して龍馬たちはふたり。絶体絶命のピンチです。

おりょうさんは龍馬の足場が少しでも自由になるようにと、この緊迫した状態にもかかわらず冷静に障子を外していきます。さすが、革命家の恋人です。


いよいよ大乱闘が始まります。槍の名手、三吉慎蔵がバッタバッタと倒し、2階から落ちる者もあったそうですが、そのとき、銃声が響きます。

高杉晋作が、君は日本のために死んではいけない男だと身を守るために龍馬にプレゼントしてくれた銃で敵を威嚇したのです。

敵がひるんだその隙に、龍馬と三吉慎蔵ふたりで裏口から脱出。

よその家の雨戸をぶち破り逃走。


同時に、おりょうさんも裏口から寺田屋を抜け出して、西郷隆盛率いる伏見の薩摩藩に助けを求めるべくして真っ暗な道を全力でひとり駆け出します。何人かの追っ手を突き飛ばして、龍馬を助けたい一心で走りました。途中、「何者だ?」と追っ手に止められてしまいますが、「いま寺田屋で浪人が大騒ぎしています。私は怖くて逃げてきました」と、しらをきり逃げ去りました。さすが、革命家の恋人です。

一方、龍馬は、乱闘の際に左手の親指の動脈を敵にざっくり深く斬られていて血が止まりません。体からみるみる力が抜けていきます。龍馬は、もう動けないというところで、なんとか材木屋の2階の屋根に上がり、そこで大の字に倒れます。

目の前に広がるのは、真冬の澄み切った星空。
これまでの人生が走馬灯の如く浮かんできます。
こんなところで俺は終わるのか……。
龍馬の出血は止まらず、体は凍てつき震えも止まりません。
このまま朝になれば、居場所がバレるのも時間の問題です。
三吉慎蔵は「もはや、ここまで。幕府に捕まるくらいならここで切腹し果てましょう」
と龍馬に言いますが、龍馬はそれを打ち消した。
「死は自分で決めるものではなく、天が決めるもの」と。
死はハナから覚悟の上。命はすでに天に預けている。

であれば、このままあきらめての切腹はありえない。龍馬は、まだ動ける三吉慎蔵にかけます。龍馬捜査網が敷かれているなかをひとりくぐり抜け、薩摩藩邸に助けを求めにいってくれと提案します。途中で捕まるようなら、僕らふたりはそれまでの命だったんだ、と。

そして一足先におりょうさんが助けを求めに走っていた薩摩藩邸に、材木屋からなんとか抜け出した三吉慎蔵が駆けつけ、龍馬の隠れ場所を告げ、ギリギリのところで龍馬救出に成功したのです。

医者の娘であったおりょうさんは、逃げ込んだ薩摩藩邸で手際よく龍馬の傷口を洗い、薬を塗って包帯をし、寝ずに看病しました。結果、この事件を機にふたりの絆はぐっと深まります。後に龍馬は、「おりょうさんがいたからこそ命が助かった」と兄に手紙を書いています。

実は、おりょうさんの父であった医者の楢崎将作《ならざきしょうさく》も、新しいニッポンをつくろうとのココロザシを持って活動していたことから、幕府に逮捕されています。おりょうさんの父も、実は吉田松陰が処刑された「安政の大獄」と呼ばれる幕府の弾圧にあって牢屋に入れられていたのです。だからこそ、龍馬は、おりょうさんの父の願いを実現しようとしていた男でもあったのです。

でも、急接近したふたりの別れは近づいていました。龍馬は、このまま京都にいては危ないので、西郷隆盛の提案で薩摩藩（鹿児島）にきてはどうかと誘われます。となると、おりょうさんとの別れも目前です。明日の見えない革命家の龍馬としては、おりょうさんを連れていくわけにはいかない。でも、ここで別れたら、もう二度と会えないかもしれない状況でした。

寝ずに介護をしてくれるおりょうさんを見て、彼女の存在がどんどん大きなものになっていくなか、龍馬の心は揺れた。

「私は確信したい。人間は恋と革命のために生まれてきたのだ」

『斜陽』という作品のなかの太宰治の言葉ですが、龍馬もそんな想いが生じたのでしょう。

龍馬は、おりょうさんを薩摩へ連れていくことを決断します。

実は、日本で初めて新婚旅行にいったのは龍馬とおりょうさんだと言われています。当時はまだ結婚して旅行にいくという考え方がなかったからです。

ふたりは結婚し、この薩摩の地で温泉を楽しみ、神社へいったり滝を見たり、釣りをしたり、名峰高千穂にカステラを持って登ったりして、しばしの新婚旅行を楽しんでいます。

そして恋と革命に生きる男、坂本龍馬がいよいよここから革命の本番に挑みます。

世界の歴史を見ても、革命が起きるときは必ず、前の王様は首を斬られて新体制にきり替わっています。徳川幕府は、高杉晋作率いる長州藩に敗れ、片膝が地についていました。しかし、このまま薩摩と長州が徳川幕府に替わるかたちで権力を握ったら、徳川将軍の首が斬られることになります。すると幕府側も黙ってはおらず、内乱も大きくなり、日本全土におびただしい血が流れることになります。それでは、日本はひとつになりません。

薩摩と長州の背後から植民地化を狙うイギリス、かたや幕府側にはフランスがついており、列強諸国は内乱を機に日本を侵略することを虎視眈々と狙っていました。日本全土が火の海になる可能性も、日本が分割統治されてしまう恐れもありました。

龍馬は薩摩と長州の手を結ばせ幕府軍を敗ったいま、イギリスにもフランスにも隙を与えず、ここからは無血で革命を起こせないかと考えたのです。

龍馬が当時、移動した距離は3万キロとも4万キロともいわれています。4万キロだとしたら、ほぼ地球1周分です。

龍馬は脱藩し、自由を確保したあと、未来の兆しを掴むために、全国を龍の如く駆けまわっていたのです。龍馬は、「他人は自分の可能性」といわんばかりに、それこそ様々な立場の人の話を聞き、力を借りながら最高の未来のニッポンの姿《ヴイジョン》を模索していたのです。

その過程のなかで、龍馬は全国各地に大切な人ができました。

倒すべき幕府には、勝海舟という師匠がいた。

幕府に敵対する長州藩には、高杉晋作という友がいた。

長州に敵対する薩摩藩には、西郷隆盛という友がいた。

新時代の構想には欠かせないと思った三岡八郎《みつおかはちろう》（後の由利公正《ゆりきみまさ》）は越前（福井）にいて、

横井小楠《よこいしょうなん》は肥後（熊本）にいた。

土佐には、姉の乙女姉さんや家族がいて、

京都には、妻のおりょうさんの兄弟がいます。

龍馬は日本全国に大切な人がいた。だから、誰も悲しまない道を意地でも探したかったのです。

諸外国に侵略されることなく、殺したり、殺されたりせずに、藩を超えて、身分制度を超えて、みんなが知恵を出し合い、幸せになれる新しいニッポンを龍馬はつくりたかったのです。

龍馬は、ビューティフル・レボリューション、どこからも血が流れない無血革命にチャレンジしたのです。

異なった要素をまじり合わせ、共に調和の響きを奏でること、それを「シンフォニー」といいますが、龍馬はシンフォニーを見出したかったのです。

そこで龍馬がたどり着いたウルトラCといえる第三の道は「大政奉還《たいせいほうかん》」でした。徳川幕府から、政権を自主的に朝廷に返させるというアイデアです。これを成し遂げて、徳川幕府を単なるひとつの藩にして、身分制度を壊し、みんなの知恵を結集できる仕組をつくり、日本をひとつにまとめあげようと龍馬は考えたのです。

日本人が日本人同士で平和に革命を起こすのです。

ところが、この時期、薩摩と長州は、徳川幕府を武力で倒すという流れで一致し、朝廷からその許可を取ろうと独自の動きをしていました。その許可がおりてしまったら、幕府は、天皇の敵、朝敵とされて薩摩と長州に全面戦争をする大義名分を与えることになります。

龍馬としては、その前に全面戦争に「待った！」をかける必要があります。ここからは、刻一刻を争う時間との戦いになりました。

戦争になるか、大政奉還になるか。

そのために、龍馬は何をしたのか？

ここで龍馬は、とんでもない決断をします。
人生で最もゆるせない相手をゆるしたのです。

龍馬の生まれ故郷の土佐藩（高知県）は、これまで徳川幕府側についており、龍馬はじめ志士たちを弾圧していたのですが、幕府が長州に敗れたことで、考えがゆらぎ始めていました。いまや時代は薩摩と長州に追い風です。土佐藩としては、いまさらですが脱藩した龍馬をとり込みたかったのです。

でも、龍馬が過去をゆるすはずはありませんでした。

なぜなら、土佐藩の前藩主、山内容堂《やまうちようどう》は、龍馬の親友をたくさん殺しているのです。

武市半平太や岡田以蔵《おかだいぞう》はじめ、龍馬の大切な幼なじみの志士たちが、山内容堂によって次々に弾圧され、命が絶たれているのです。

親友を殺した相手をゆるせるわけがない……。

大切な幼なじみを殺した相手をゆるせるわけがない……。

そんなの絶対にゆるせるわけがないんです。


しかし龍馬は、最も憎悪していた土佐藩、山内容堂を血のにじむ想いでゆるすのです。

本当の敵は人ではない。

憎むべきは人ではなく、社会の制度なんだと龍馬はわかっていたからこそ、社会の仕組みそのものを変えることに人生をかけたのです。そこで龍馬は大政奉還という名案を、憎んでいた土佐藩に授け、それを土佐藩から幕府に意見を進言するように動きます。

強国・薩摩と長州が手を結び、窮地におちいった幕府としては、土佐藩まで敵にまわすわけにはいきません。十佐藩が大政奉還を申し出れば、幕府も飲まざるをえないであろうという龍馬の読みです。それは同時に、世界で一番憎んでいた土佐藩に手柄を与えることになります。しかし、龍馬はそれをしたのです。

血を流さずに日本をひとつにするために、積年の恨みを乗り越えたのです。

龍馬は、外側に平和を結ぶために、内側の自らの積年の恨みを解《ほど》いたのです。

先に自らの内側のエゴを解かなくては、外側で和（愛）を結ぶことはできないのです。

多くの人は、過去は変えられないと嘆き、過去の出来事（トラウマ）にとらわれています。

でも、過去は変えることができるのです。

過去をジャンプ台にして、最高の未来を生み出したときに、その過去を受け入れることができるからです。龍馬はそれをした。

過去は未来が決めるのです。

しかし、戦争をしない道、大政奉還を目指す龍馬は、ここからはイバラの道となりました。

すでにこの時点で、龍馬は幕府からは指名手配の身。見廻組、新撰組からは命を狙われています。

さらに、戦争をして徳川幕府を倒したい薩摩藩、長州藩、そしてその背後にいるイギリスをも敵にまわすことになりました。

その上、大政奉還を実現するために、土佐藩をゆるしたことで、土佐藩に仲間を多数殺されている龍馬の同志たちでさえも龍馬の真意が理解できず、龍馬バッシングを始めました。故郷からは龍馬の最愛のお姉さん、乙女さんからも「裏切り者」と龍馬を批判する手紙が届きます。

龍馬は無血革命を目指し、ニッポンの最善・最高の未来からすべてを発想していました。

しかし、まわりはみんな自分の都合（過去と現在）からしか世界を見られていないのです。

だから龍馬を理解できず、龍馬はもはや、どこから暗殺されてもおかしくない状況に追い込まれました。

たったひとり、闇のなかをゆく革命家の道。

ニッポンの未来のためには、まわりを敵にすることもやむなし。

それがいかに孤独な道か……。

「世の人は　我を何とも　言わば言え　我が成すことは　我のみぞ知る」

龍馬の詠んだ和歌です。

龍馬のその孤独を支えたのが、おりょうさんだったのだと思います。

おりょうさんは満月のような形をしている楽器、月琴《げっきん》をよく弾いていた。おりょうさんが奏でる琴に似た音色を、龍馬はニコニコしながら聴いていたそうです。

龍馬の孤独な心を、月琴の音色が包んでくれていたのです。

さて薩摩と長州は、徳川幕府を武力で完膚なきまでに叩き潰すという方針で一致し、朝廷からその許可を取ろうと独自の動きをしており、あと一歩というところまで迫っていました。孤軍奮闘、坂本龍馬、万事休すです。

あとは、15代将軍・徳川慶喜《とくがわよしのぶ》が大政奉還をどう判断するかに委ねられました。

大政奉還とは、徳川将軍自ら政権を手放すという決断です。

国を想い、民を想い、戦わずして政権を自ら手放す例など世界にないのです。

大政奉還など、幕府内のほとんどが反対です。

「神君・徳川家康公に顔むけができぬ」

当然、慶喜はそう思っていた。

ましてや、２５０年以上も続く徳川幕府の歴史を自分の代で終わらせるなど断じてできない……。

徳川慶喜もまたひとり孤独に、最善のニッポンの未来のカタチを探していました……。

龍馬はなんの後ろ盾もない一浪人の身、とても将軍に会えるような身分ではないですから、将軍の説得は土佐藩重役の後藤象二郎《ごとうしょうじろう》に委ねていました。龍馬がその象二郎に送った手紙のなかで鬼気迫るものがあります。意訳するとこうです。


「もし、大政奉還、将軍の返答が否ならば、そのまま後藤は将軍のいる二条城の一室で切腹して果てる覚悟でしょうから、後藤が帰ってこなかった場合は、自分は海援隊と共に将軍の行列に斬り込み闘死するので、地下（あの世）で会おう」

龍馬の決死の覚悟を象二郎に伝える手紙です。

この手紙を読んだ象二郎は身が縮む思いをしたことでしょう。

「え？　俺も命がけじゃん？」と（笑）。

龍馬にここまでいわれたからには、象二郎も将軍の説得を是が非でも成し遂げなくてはいけなくなりました。


日本をどこからも侵略させない。

絶対に戦争をせずに、新世界を創造してみせる。

そんな決意のこもる、龍馬の気迫が乗った手紙です。


大政奉還、将軍慶喜の決断はいかに……。

結論が下されたのは、慶応3年10月13日。

40を超える藩の重役に、二条城に登城せよと召集がかかりました。裃姿の武士が続々と入り、一同着席したのが午後2時過ぎ。龍馬たちは隠れ家の近江屋で象二郎からの報告を待ちます。しかしその報告が一向にこない。

夜9時になって、ようやく象二郎は二条城を出て、龍馬に結果を急報するための手紙を書き部下を走らせました。

手紙を受け取り、なかを開いた龍馬は、畳にひれ伏し顔を上げなかったそうです。

龍馬は泣いていました……。

「慶喜将軍、よくぞ決断してくれた。よくぞ決断してくれた……。
徳川３００年の歴史を手放すのは身を削る想いであったろう……。
誓っていう。ここからはあなたのためにこの命を捨てる」

「この決断に今度はこっちが応える番だ。将軍慶喜を決して敗軍の将にはさせない」と龍馬は誓うのです。

翌14日、正式に朝廷にまつりごとの返上が行われました。こうして２６５年続いた江戸時代は幕を閉じ、龍馬は世界的にも大変珍しい無血革命、大政奉還を成し遂げたのです。

実は、朝廷から薩摩藩と長州藩に討幕の密勅《みっちょく》（幕府を倒す命令）がひそかに渡されたのはこの数時間後でした。まさにタッチの差で龍馬が勝ったのです。

最終的に、龍馬がたどり着いた未来のビジョンは、夕顔という船のなかで書き上げた「船中八策」にあらわれています。これは、日本の形を決定づけたともいえる龍馬の新国家構想で、明治政府の基本方針「五箇条の御誓文」の基になったものです。

その「船中八策」はこうです。

「国をおさめる権利を幕府から天皇に返すこと」

「新しい政府には、上・下議政局を設け、ふたつの議会をつくり、議論でものごとを決めること」

「全国からすぐれた人を集め、身分に関係なく政府の重要な役につけること」

「外国と交際する方法は、新しく道理の通った規則をつくること」

「永遠に通用する新しい憲法をつくること」

「海軍の力を強くすること」

「都を守る軍隊を置くこと」

「金銀、ものの値段は、外国と等しいものになるよう法律で定めること」

龍馬はまるで100年先を見通したかのような、自由と民主的なビジョンを持っていたことがわかります。

小龍を通してのジョンマンとの出会いに始まり、龍馬はこれまでのすべての出会いから掴み取った未来の兆しを、10年かけて龍馬なりに着地させたのです。

龍馬は、自分の都合、自分の損得を世界から差し引いてシンプルに未来の社会にとって一番いいものは何かと考えられた。

「未来」とは「川の流れ」のようなもの。川は必ず大海に向かうように、世界も紆余曲折ありながらも、みんなにとってより幸せになる方に、より自由に、より可能性が広がる方に向かうからです。

世界から自分を差し引くと、川の流れとひとつになれます。

それが「清々しさ」(大和魂)です。

とはいえ龍馬は早すぎたのも事実。貴族院、衆議院よりなる帝国議会が開院されたのは、明治23年、龍馬が船中八策を出した23年後です。

龍馬の死後、残念ながらそれぞれの思惑がぶつかり、局地戦は確かにありました。しかし、最終的に、徳川家は生きながらえています。ここが、世界の革命史と決定的に違う点です。徳川幕府の本拠地だった江戸城だって壊されていないのです。

ちなみに、龍馬は自分の命がけの活動を、同志・桂小五郎に宛てた手紙にこう記しています。

「大芝居」

龍馬は日本を舞台に、そんな「大芝居」を演じていたわけです。

龍馬は命を狙われている京都で、おりょうさんと白昼堂々とデートしています。

また、龍馬は袴もよれよれで身だしなみに気を使わない男だったようにドラマで描かれたりしますが、実際は、とてもおしゃれだったという証言も残っています。

仙台平の袴にオーデコロンをつけて、足元はブーツでキメるサムライ。

龍馬が京都の定宿の寺田屋にくると、寺田屋のお手伝いさんの女性たちがみんな色めき立ち一所懸命お化粧をしたそうです。寺田屋の暖簾を開けると、龍馬はみんなに抱きついて抱きかかえようとするからキャッキャと逃げまわる。でも、そんな龍馬に対し女性たちはみんな笑顔だったとか。

7、8歳のある女の子は、龍馬に抱きかかえられて「おまえ大きくなったらべっぴんになるぜよ」といわれたことを、70歳のおばあちゃんになっても顔を赤らめて話していたとそのお孫さんの証言が残っています。

龍馬はデートを楽しみ、おしゃれを楽しみ、そして、最高のニッポンの未来を迎えにいくために大芝居を演じていたのです。

そんな龍馬は、大政奉還を成し遂げ、新政府の役職を決める立場にいました。でも、そこに自分の名を入れていないのです。命がけで革命を成し遂げておきながら、自分は役職につかないなんて、世界的にもまず例がありません。

西郷隆盛はそんな龍馬に衝撃を受け、「こんな男は見たことがない」といっています。

では龍馬は、新政府の役職に入らず、何をしたかったのか。

龍馬は柱に寄りかかりながら目を細め、西郷にこういったそうです。

「世界の海援隊でもやりますか」

龍馬の生きる理由、その源泉は遊び心だったのです。

龍馬は海援隊というカンパニーで、世界の７つの海をまたにかけて黒船で商売をしたかったのです。世界に冒険の旅に出たかったのです。龍馬の動機、それは子どものような、ときめいた遊び心だったのです。

そのために、日本にフリーダムをもたらす必要があった。そのために幕府を終わらせて、日本をひとつにまとめる必要があったのです。

龍馬にとって大政奉還すらただの通過点だったのです。

龍馬の本当の目的は……

この星で自由に遊びたかったのです。心は少年のときめきで、頭は清々しい大和魂で時代を駆け抜けたのが龍馬です。

ピラミッドは、底辺に４つの角があります。

でも、次元を下から上に上げていけば、最後はどうなりますか？

４つだった角が、その頂上ではひとつになります。

対立する長州と薩摩の手を結ばせ、さらに対立する土佐を和《わ》し、最後は倒すべき徳川幕府まで結んでしまった。

4つの私的な立場の次元をそれぞれに上げていくと、その頂上でひとつに溶け合います。

ピラミッドのテッペンこそ、

「私」（エゴ）＝「公《おおやけ》」（ラブ）となる一点です。

龍馬が目指したのはその一点です。

公に生きるとは、自分を超えた大切な何かのために、この命を使う生き方です。

この世界を生まれてきたときよりも、少しでも良くして還ろうという心意気です。

「公」とは、もともと「大きな屋根のもとで」という意味です。

公こそが本当は一番楽しく、

公こそが本当は一番清々しいのです。

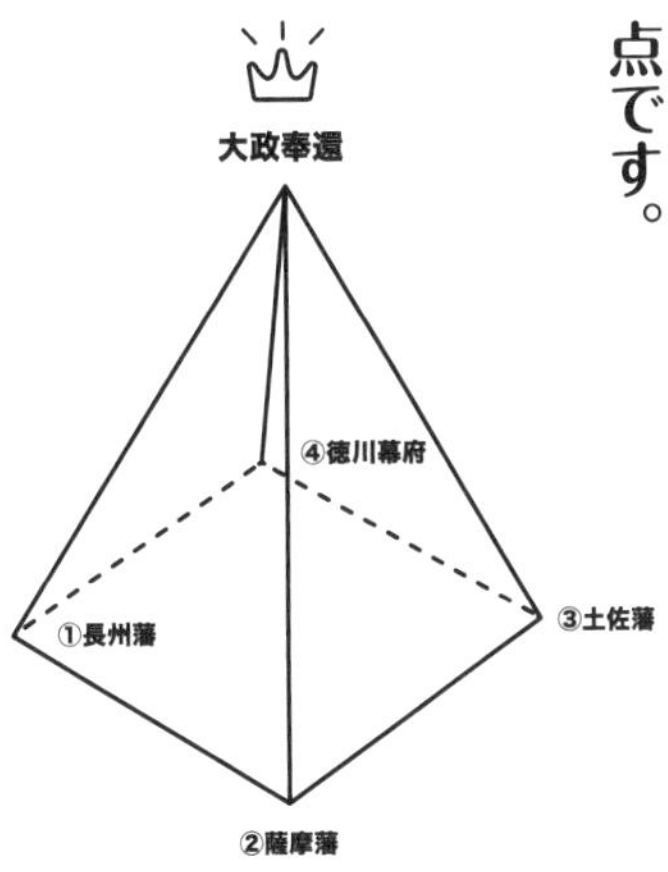

龍馬の大芝居

「あるものを、そのものとしては否定しながら、さらに高い段階で生かすこと。矛盾するものをさらに高い段階で統一し解決すること」

そのことをドイツの哲学者のヘーゲルは**「アウフヘーベン」**といいました。

まさに龍馬がやったことです。

矛盾し合うものを、ひとつ上の次元で美しく統合させたのです。

僕らがいま、時代から求められているのも、この「アウフヘーベン」です。

「死《し》」を見つめることで、生きる理由、
「志《し》」を見出し、自らの人生を
「詩《し》」にするんです。そのとき、あなたの本当の運命が
「始《し》」動し、そこで出会った人々と
「糸《し》」で結ばれ、公と
「私《し》」がひとつになる生き方を通して、この星に新しい
「史《し》」が刻まれるのです。

かつてはこの国は、職業の選択の自由も、移動の自由もなく、身分制度もガチガチで、差別もあり、好きな人と結婚する自由もゆるされていませんでした。そんな社会をぶち壊し、誰からも差別されずに、自分の才能を活かして、やりたいことができる社会を、龍馬が、松陰が、晋作が、望東尼が、ジョンマンが、僕らにプレゼントしてくれたのです。

幕末当時は、薩摩藩（鹿児島県）、長州藩（山口県）など、300近くあったひとつひとつの藩がいわば、ひとつの独立国でした。だから藩同士で争いがありました。国と国は争いが終わらないのです。

事実、いま、この瞬間も、世界のどこかで国と国が戦争、内戦、紛争をしています。

いま、この瞬間も20カ国以上で争いは続いています。

それは、心のなかに国境（分離）があるからです。

しかし、いまの日本では、東京と大阪で戦争するようなことはありません。

龍馬たちが、この列島を「日本」としてひとつにまとめてくれたからです。

薩摩人でもなく、長州人でもなく、「日本人」というものを誕生させてくれたからです。

ひとつであるところに争いはないのです。

僕らはいまこそ、「地球人」としてひとつになるときです。

「今度はおまんらが、それを頼むな。

銀河市民となる君たちよ」

これが日本人1号・坂本龍馬から、あなたへの遺言です。

Dear 龍馬

龍馬、あなたとおりょうさん、ふたりが初めて出会ったのは京の町だったよね。
あなたは30歳で、彼女は24歳だった。
あなたは初めて彼女に会ったとき、まず名前を聞いたね。
おりょうさんは、紙に名前を書いた。
「楢崎龍《ならさきりょう》」
おりょうの漢字は龍馬、あなたと同じ「龍」だった。
あなたは「自分と一緒だ！」と笑ったそうだね。
出会いから運命を感じる出会いだったんだね。

「坂本はハキハキしたことが好きで、私がどんなことをしたって、決して叱るようなことはなかった」とおりょうさんが語っている。
あなたは命を狙われ、思い通りにいかないことの連続であったはずの革命家の人生を歩みながら、家でもイライラしていなかったんだね。一番身近な人を大切にしていたあなたは、誰に対しても優しかったんだろうな。

一方、あなたはおりょうさんのことを「まっことおもしろき女」と手紙に書いているね。

巌流島に夜、ふたりでこっそり小舟で乗りつけて、島で花火をしたことがあったそうだね。戻ってくると龍馬のボディガードの三吉慎蔵さんが「いま、向こうの島で妙な火が出ました。なんだったのでしょう?」と騒いでいたそうだね。ふたりは顔を見合わせて笑った。

命を狙われてる中でも、ふたりはちゃんとデートしていたんだね。

おりょうさんがあなたに詠んだ歌が胸に染みるよ。

「思ひきや　宇治の河瀬の　末つひに　君と伏見の　月を見むとは」

(思ったこともなかった。宇治の川瀬の流れがわかれても、流れの末にはまたひとつになるように、龍馬さんと一緒になって今宵、こうして伏見の月を見られるとは)

けれども、運命の日がきたよね。

慶応3年(1867年)あなたが33歳になる誕生日の11月15日。

奇しくもそれは、あなたが7人の刺客に襲われ、暗殺される日になった。

龍馬、あなたの体には、刀傷が大小38箇所残され、絶命した。

あなたの死を知ったおりょうさんは、後にこう振り返っている。

「私は泣いては恥ずかしいとこらえていましたが、とうとう耐えきれなくなってハサミでもって頭の髪をふっつりときり取って龍馬の霊前へ供へるやいなや、覚えずワッと泣き伏しました」

龍馬とおりょうさん、出会ってからわずか3年……。

日本をひとつにするために、全国を奔走していたから、龍馬はほとんどおりょうさんに会えなかった。おりょうさんは幸せだったんだろうか……。

そう考えたこともある。

でも、一瞬でも心が通じ合うこと。

それは時間を超えるんだよね。

一瞬のなかに、永遠があるんだよね。

過去も現在も未来も、流れ去る「時間」に属するけど、
心が通じ合う一瞬だけは「永遠」に属する。
その一瞬こそ、奇跡なんだよね。
そして、その一瞬のために、人は生きるんだよね。

おりょうさんの歌です。

「武士《もののふ》の　かばねはこゝに　桜山　花は散れども　名こそ止むれ」
（龍馬は死んでも、この桜山のように花は散ってもその名は永遠に消えない）

あなたの死後、おりょうさんは、あなたからもらった手紙を人には見せたくないと、海岸ですべて焼いてしまった。そして、あなたの思い出の品を何も持たなかったおりょうさんが、いつも心に留めていた歌がひとつだけ残された。

「又あふと　思ふ心を　しるべにて　道なき世にも　出づる旅かな」坂本龍馬
（おりょうさんとまた逢えると思う気持ちを道しるべに、道なき旅に私は今日も出かけます）

京都伏見から江戸へ発つとき、あなたがおりょうさんに贈った歌です。

龍馬、僕ね、あなたがいまの日本を見たら、どういうだろうかって考えてみたことがあるんだ。そうしたらね、

「こんな国にするために、俺たちは命をかけてきたわけじゃないぜよ」

そういわれてしまう気がした。

龍馬に胸を張っていまの日本を見せられないなって。

サムライの道、武士道とは、主君に服従するのが大前提だよね。

でも龍馬の武士道の主君は殿様ではなかった。

龍馬の主君は、まだ見ぬ新しいニッポンだった。

龍馬、あなたが人生最後の日に持って還りたい思い出は、世界で自由に遊ぶ思い出だったんだね。

おりょうさんと一緒にさ。

おりょうさんが「私は家なぞいりませんから、ただ丈夫な船があれば沢山。それで日本はおろか、外国の隅々まで廻ってみとうございます」との言葉を残しているのは、龍馬とその夢について一緒によく語り合っていたからこそだよね。

そのために、争いのない、自由で新しいニッポンをつくりたかったんだね。

想い半ばで暗殺された龍馬の願いを、今度は僕らが受け取るよ。


僕ら現代人は、もっともっとを追求してきた。「もっと儲かるために」といって進めてきた個人の幸福追求が、地球環境の破壊にまで至ってしまった。いま、憲法13条で保障されている個人の幸福追求が、全体の不幸をもたらすところまできてしまった。「自分さえよければいいい」の結果、いま、地球が悲鳴を上げている。ゲリラ豪雨や異常気象は天災じゃなくて、きっと環境破壊による人災なんだと思うんだ。


でも、龍馬、おりょうさん、いまから新しい地球をつくるから空から見ていてね。

「これより、21世紀に住む僕らの腕前をお見せするよ」

最後に、龍馬、あなたのこの言葉が僕は一番好きだよ。最もあなたらしいなって思う。

「なんの浮世は三文五厘よ。
ぶん、と屁の鳴るほどにやってみよ」坂本龍馬

（たかが人生、びびらずに、ブンと屁の出るほど思いきり生きてみろよ）

WORK

君がいない１００年後

１００年後、あなたは、この星にいません。

あなたがいない１００年後、
この星は、どうなっていたらうれしいでしょう？

この世界が、どうなっていたら最高でしょうか？

その世界に向かうために、今日から、あなたができる小さな一歩はなんでしょうか？

これが世界から自分を差し引いて発想する、龍馬の発想法です。

自分がどこへいきたいのか、ではなく、時代（天）はどこへいきたがっているのか、未来はどこへ向かうのが美しいのか、その手助けをするために自分の人生を捧げることを「ココロザシを持つ」といいます。

ココロザシは肉体が滅んでも必ず受け継がれます。時代がその方向を望んでいるからです。

そのためにあなたが踏み出した小さな一歩は、誰かの勇気になり、川の流れのように受け継がれて、時代は紡がれていきます。

そして、その「ココロザシ」に「トキメキ」という翼を与えて跳ぶのです。「馬」のように大地をけりあげ、そしてついには「龍」の如く空に舞っていった男、それが龍馬です。

心は「子どものトキメキ」で、頭は「大人のココロザシ（叡智）」で、現実という夢幻の舞台で大芝居を演じるのです。

あなたがいない１００年後、この世界はどうなっていたらいいと思いますか？

その世界に、あなたのトキメキをミックスして、一歩踏み出すのです。

「ココロザシ」×「トキメキ」＝「リョーマ」。これが龍馬方程式です。

ただのかけ算ですけどね（笑）。

すべての偉人は、ココロザシなかばで死んでいきます。歴史とは常に未完成だからです。そして、そのココロザシを次の時代の人が受け継いでいくのが「歴史」というものだからです。高杉晋作が吉田松陰のココロザシを受け継いだように、今度は、僕らが龍馬のココロザシを受け継ぐときです。

龍馬という先輩のココロザシを受け継ぎ、どう新しい未来を創造していくか。

それこそ、最高に面白い「大芝居」です。

いにしえ（古）を学び、ココロザシを理解し、そこから新しい未来を創造していく。

それが本当の「稽古」という文字の由来です。

「稽古」とは「いにしえ（古）」を「かんがえる（稽）」という意味だからです。

「稽古照今《けいこしょうこん》」……「いにしえ（古）をかんがえ（稽）今に照らす」。日本神話『古事記』を出典とする言葉です。

「稽古」とは、「未来の線（新しい物語）」を創造するために、「過去の点」と「現在の点」を結び合わせることです。

あなたがこれから新しい物語（神話）を創造していくために、こうして過去を学んだのです。

人生はバトンタッチリレー。

さあ、龍馬先輩からのバトンがまわってきたぞ。

キミの出番だよ。

WORK

エピローグ　NEO SAMURAI

イギリスの歴史学者のトインビーはこう語っています。

「日本は、トルコ以東において西洋人に侵略されなかった唯一の国である」

日本は植民地にされることなく、それどころか、アジアのなかでまっ先に近代化に成功しました。なぜなのか？

ときは幕末。白人帝国主義による欧米列強が、侵略によって海外領土を広げていった時代。アジアの国々は次々と植民地にされていきました。

お隣の大国、清国《しんこく》（中国）ですらもイギリスに打ちのめされ、香港を奪われ、清国人は西洋人に奴隷のように扱われていました。そんななか、ついに日本にもアメリカ海軍艦隊の黒船がやってきた。このままでは日本も間違いなく植民地にされてしまう……。

さらにペリーの黒船がやってきた翌年、
マグニチュード8・4の安政東海地震が起きます。

大津波も加わり、東海地域は壊滅的な被害を受けました。

今度は、その翌日。

大分県と愛媛県の海峡である豊予海峡を震源とするマグニチュード8・4の巨大地震があり、土佐久礼では16メートルもの津波が押し寄せました。


さらに、1年もしないうちに今度は首都が激震。

江戸にマグニチュード6・9の直下型地震が起きました。

死者は公表されただけで7千人。倒壊焼失家屋は1万3千棟を超えました。

幕末は、わずか1年の間に巨大地震が3連発できているのです。


さらには、異常気象による凶作が続き、その上、猛烈なインフレに襲われ物価が高騰。

まさに泣きっ面に蜂。おまけに伝染病のコレラが上陸し猛威をふるい、江戸だけでも死者は数万人に。

幕末は「天変地異」と「経済破綻」と「伝染病」と「黒船」が一挙にやってきたのです。
まさに非常事態。

そんな大混乱の中で、なぜ日本は植民地にならなかったのか？
もう、わかりましたよね？

日本には「サムライ」がいたからです。

サムライとは、一番大切なものに、一番大切な命をかけた者のことをいいます。

日本には、自分よりも大切にしたいものを守るサムライがいたからです。

ある神社で正式参拝したときのこと。神主さんから、こんな質問をされました。
「日本の神道と、外国の宗教、どこが一番違うと思いますか？」
どこだろうと考えていると、
「神道は、教えがないんです」

と神主さんはいいました。教えがない。これ、よく考えたら、すごいことです。

神主さんの質問はまだ続きました。

「教えがないってことは、神道には何がないと思いますか？」

教えがないということは……

「善悪がないのです」

普通、異教徒同士は「おまえは間違っている」とケンカになり戦争に発展します。しかし、日本人はキリストの誕生日とされるクリスマスに盛り上がり（キリスト教）、大晦日にはお寺で除夜の鐘を楽しみ（仏教）、お正月は神社に初詣に出かけます（神道）。これ、全部違う宗教です。

日本人は七福神も大好きですが、これだってヒンドゥー教や仏教、道教など、いろんな国の神様たちです。普通なら戦争になる価値観の違いを、日本人はそれぞれの良さを楽しめる感性があるんです。

これは、日本人は、「正しい」、「正しくない」の善悪で考えないからこそできることです。

神主さんの質問はまだ続きがありました。

「じゃあ、日本は、善悪のかわりに何があると思いますか？」

なんでしょうか……。

「美しいかどうかという判断基準です」

美しいかどうか。

江戸時代は、それが「粋か野暮か」になったわけです。

ヨーロッパでは、火薬を使った「発破」で鉱物資源の採掘やトンネルの掘削をおこなっていたのですが、日本はそうはしませんでした。火薬による発破を日本に伝えたパンペリーは、火薬の使い方を知りながら、日本人が石の採掘に応用しなかったことを不思議がったといいます。高い技術力を持ちながら、それを自然を征服するためには使わなかったからです。なぜか？

自然を爆破させるなんて美しくないからです。

じゃあ、何に使ったのか。

みんなが楽しめる花火に使ったのです。

これがもともとの日本人の感性なんです。

日本人は、お茶を道にして茶道を生み出し、剣は剣道、書は書道、弓は弓道、華は華道、なんでもそれを道にしてきたんです。

道とは、勝ち負けを競うのではなく、美しさの追求です。

勝つか負けるかじゃない。損か得かでもない。

美しいかどうか。かっこいいかどうか。

これは突き詰めれば、みんなで笑い合えるかどうか、より多くの人を幸せにするかどうかです。

みんながうれしいってことが、宇宙がうれしいってことです。

「100年後の子どもたちを笑顔にするかどうか」

何か物事をやるときの判断基準を、そんな風にシンプルに考えれば、それだけで、この星はあっという間に幸せな星になります。

美しさを基準に生きるとき、長い目で見たら、必ず、時代（天）は味方してくれるのです。

生前1枚しか売れなかったゴッホの絵が時代と共に評価されていったように。

「令和」を英語にすると、「ビューティフル・ハーモニー」。
ひとりひとりが、美しさを基準に生きることを思いだせ、という時代だってことです。

あなたは、人生最後の日に、
どんな思い出を持って還りたいですか？

このたったひとつの問いを基準に生きれば、人は本来、美しく生きられるのです。

ある方が、沖縄でハブに噛まれて毒がまわり、あの世を彷徨ったそうです。
臨死体験というやつですが、臨死体験中にあらわれた、〝あの世の使者〟は、これまでの人生についてこう聞いてきたそうです。
「あなたの人生は、愛された人生でしたか？」
彼は「はい」とうなずきました。すると、〝あの世の使者〟は次にこう聞いてきた。

「では、愛しましたか？」

そう聞かれた瞬間、彼は「まだ愛しきれてなかった！」という強い後悔が湧き、その瞬間、この世に戻されたそうです。

この本で取り上げさせてもらった5人のサムライたちは、ニッポンの未来を愛しきってくれた、美しい僕らの先輩たちです。

「大和魂」とは、本来、「清々しく生きること」を意味する言葉です。

いまこそ、本当にあなたが大切にしたいものに、清々しく大和魂をかけて生きるときです。

僕らは、１００年の休暇をとって、この星に遊びにきたんだから。

人生最後の日、ガッツポーズして「やりきった！」といって、この星とお別れしよう。

君の夜明けは、日本の夜明け。

日本の夜明けは、銀河の夜明けです。

LAST WORK

あなたは、人生最後の日に、
どんな美しい思い出を持って還りたいですか？

あとがき

「ワンルーム叙事詩」

章の扉に、「この章はこの曲を聴きながら読んでもらえたら」という曲名を記しています。ひとり目の吉田松陰のパートは、amazarashi の『ワンルーム叙事詩』という曲です。この曲をトップバッターに据えたかった理由があるんです。

『ワンルーム叙事詩』の歌詞にこうあります。

「雨にも負けて　風にも負けて
雪にも夏の暑さにも負けて
それでも　人生って奴には
負けるわけにはいかない
一人立つ尽くす
そこはまるで焼け野原」

ぜひ、この歌を実際に聴いてほしいのですが、僕の大学時代の心境に、まるリンクする歌詞なのです。

ひすいこたろう、僕は赤面症でひとみしりで、友達もできないような根暗で、そんな暗黒の学生時代に出会ったのが、幕末のヒーロー坂本龍馬でした。龍馬の伝記を読んで、「かつて、こんなかっこいい人がいたんだ！」と感動し、暇だけはあった僕は、すぐに京都の霊山護国神社にいき、龍馬のお墓の前で、こう祈りました。

「龍馬さん、どうか僕にのりうつってください」

何もかもうまくいかない焼け野原のような僕の人生を、他力本願、龍馬先生助けてください、といわんばかりの憑依プリーズ祈願です（笑）。

もちろん、龍馬がのりうつってくれることもなく、僕は冴えない学生時代を過ごすことになるわけですが、龍馬のお墓のあった京都で、僕はひとつ決意したんです。

「龍馬の本拠地、高知にだけは絶対にいかない」と！

絶対に自分からはいかない。呼ばれていく男になる。

そう決めたんです。

龍馬のような革命家にはなれないかもしれないけど、僕なりのやり方で、未来をいまに持ってくる草食系革命家（笑）になると決めたんです。

その決意から十数年時間はかかりましたが、ついに龍馬の本拠地、土佐（高知）からラブコールをいただき、講演にいけることになったのです。会場には２００人以上が集まり、席が足りなくなり、ステージ上にも席が並べられるほどでした。

講演を主催してくれたのは、高知の印刷会社リーブルの社長さんです。

でも、この社長さん、僕のことも、僕の出している本のことも、まったく知らなかったんだそう。ただ、僕が新しいピクニックのかたちを提案しプロデュースした「ホンキの1日@TOKYO」というイベントの70ページに及んだガイドブックを刷ってくれた印刷会社さんだったんです。

社長さんは、印刷中にそのガイドブックをちら見した。

すると……

「なんじゃ、この怒濤のピクニックのアイデアは！」と感心してくれて、「このガイドブックを書いたのは誰なんじゃー。この男を高知へ呼べーーーー」となった次第なんです。

少し大げさにいうと（笑）。

印刷しているときに、印刷会社の人が思わず読み込んじゃうって、書き手としては最高にうれしいことです。なんと、その印刷会社の社長さんこそ、龍馬研究会の理事の方だったんです。こんな偶然ってあるんですね。

2012年12月8日、ひすいこたろう初高知講演当日、龍馬の原点、桂浜に虹がかかりました。龍馬が歓迎してくれたような気がしてうれしかったです。

このとき、どう生きたいのか、テーマ（旗）を掲げると、そのテーマに合う出会い、現実を引き寄せるんだって実感したんです。

僕の友人の映画監督がいっていました。

「ひすいさん、映画って、それこそ何百時間とフィルムをまわしてるんで、2時間映画にするときに、無駄なシーンって1秒も入れる余地がないんです。たとえば、子どもがトイレにいく場面があったら、子どもの不安を示すなど、ちゃんと意図があるんです。すべての場面には、それぞれの意図があるんです。で、すべての意図は、最後は、『この映画を通して何を伝えるか』というテーマにつながっていきます」

その話を聞いたとき、逆もあるなって思ったんです。

テーマ（旗）を掲げれば、それにあった現実、人がやってきてくれるんだって。

龍馬研究会の理事の方が、偶然、僕を高知に呼んでくれたように。

龍馬ゆかりの桂浜にその日、偶然、虹がかかったように。


僕は「この星のドラえもんになる！」という旗を掲げて作家活動をしています。

ドラえもんも龍馬も、その本質は一緒で、未来をいまに持ってきて、この世界をもっと面白くしてくれた人です。ドラえもんは人じゃなくてＡＩですけどね（笑）。

僕は、龍馬のようにはなれませんでしたけど、50冊の著作を通して、未来のピースフルな考え方を伝えるという、僕なりの革命のファンファーレを鳴らしているつもりです。


amazarashiの『ワンルーム叙事詩』の歌詞は、吉田松陰の人生にもリンクするんです。

吉田松陰は、人生の大切な時期を「ワンルーム」で過ごしました。

「牢獄」という、文字通りの「ワンルーム」です。

松陰の人生を『ワンルーム叙事詩』の歌詞に合わせて歌うならこうです。

「長州藩にも負けて　幕府にも負けて
門下生も動いてくれず　運命にも負けて
それでも　人生って奴には
負けるわけにはいかない
一人立つ尽くす
そこはまるで焼け野原」

ひとり立ち尽くし、切腹すらさせてもらえず首を斬られた。しかし、30歳で人生を終えた松陰が「ワンルーム」（牢獄）で書いた五千文字の遺書『留魂録』とココロザシは、高杉晋作に受け継がれ、久坂玄瑞に受け継がれ、そして久坂を通して龍馬を脱藩に導き、日本の夜明けという壮大な『叙事詩』になっていったことは、この本を通して、たったいま、あなたが目撃した通りです。
たったひとりから、歴史は変わるんです。

まさに『ワンルーム叙事詩』です。

肉体には寿命がありますが、ココロザシは永遠。ずっと受け継がれていくものなのです。


そして、最後の最後に、金子重之輔くんの存在を忘れてはいけない。

牢獄のなかで、吉田松陰に「生きる理由」を覚醒させたのは、一緒に黒船へ潜入した金子重之輔くんの存在です。

重之輔くんは、25年の短い生涯で、何を成したわけでもない、歴史的にも知られていない存在です。でも、重之輔くんは短い生涯で、一度だけ、一度だけ、そのすべての勇気を振り絞って黒船へ乗り込んでいったのです。

その重之輔くんの命が、吉田松陰に「生きる理由」を目覚めさせたのです。

たったひとつの勇気が、川の流れのように受け継がれて、歴史を変えてきたのです。


川の流れのように受け継がれていくココロザシが、今日、君に伝わった。

今度は、君の人生という物語が『叙事詩』（神話）になっていく番です。


さあ、どんな旗を掲げる？

勇気を出して、
あなたの歌を歌うんだ。
では、新世界で逢おう。

銀河市民　ひすいこたろう

新世界で逢おう。

SPECIAL THANKS

滝本洋平（編集）　田中孝行（同志）　ミッチェルあやか（編集協力 HISUIBRAIN）

辰島詩織（イラスト）　扶川愛美（天の采配に感謝！）

金子重之輔（勇気をありがとう）

and You!

感想、寝ずに待ってます（笑）。

hisuikotaro@hotmail.co.jp

ひすいこたろう ☺

次はここで待ってるよ。
あなたのメールアドレスを登録すると、
無料で名言セラピーが配信されます。

『3秒で Happy? 名言セラピー』
※「名言セラピー」「まぐまぐ」で検索

出典・参考資料（これらの本のおかげで書けました。心から感謝します）

『お〜い！竜馬』原作：武田鉄矢・作画：小山ゆう（小学館文庫）
『生くる』執行草舟（講談社）
『根源へ』執行草舟（講談社）
『5％の人』清水克衛（サンマーク出版）
『孤独であるためのレッスン』諸富祥彦（NHKブックス）
『国の理想と憲法』野村昇平（七つの森館）
『なぜ日本人はうまくいくのか』七沢賢治（文芸社）
『なぜ、日本人が世界を変えていくのか？』小田真嘉・竹内睦泰・羽賀ヒカル（ヒカルランド）
『吉田松陰　留魂録』古川薫（講談社学術文庫）
『その時歴史が動いた34』NHK取材班（KTC中央出版）
『松陰と女囚と明治維新』田中彰（日本放送出版協会）
『逝きし世の面影』渡辺京二（平凡社ライブラリー）
『幕末武士道、若きサムライ達』山川健一（ダイヤモンド社）
『吉田松陰の予言』浜崎惟＋本誌編集部（Book&Books 株式会社）
『吉田松陰』池田諭（大和書房）
『松陰先生のことば』萩市立明倫小学校（萩ものがたり）
『松陰読本』（山口県教育会）
『人はなぜ勉強するのか　千秋の人吉田松陰』岩橋文吉（モラロジー研究所）

『松下村塾と吉田松陰』古川薫（新日本教育図書）
『野山獄読書記』吉田松陰
『ひとすじの蛍火　吉田松陰　人と言葉』関厚夫（文藝春秋）
『生存からの離脱―吉田松陰』二神俊二（文芸社）
『吉田松陰の母』吉川綾子（泰山房）
『吉田松陰』田中彰（中央新書）
『吉田松陰全集』山口県教育会編（岩波書店）
『全集第2巻　野山獄文稿』吉田松陰
『兄梅太郎への手紙』吉田松陰
『堂々日本史　第24巻』ＮＨＫ取材班編（ＫＴＣ中央出版）
『江戸の旅人　吉田松陰』海原徹（ミネルヴァ書房）
『ペリー艦隊日本遠征記　下』オフィス宮崎編訳（万来舎）
『松下村塾と吉田松陰』古川薫（新日本教育図書）
『吉田松陰.com』http://www.yoshida-shoin.com/
『晋作語録』一坂太郎（山口新聞社）
『学研まんが人物日本史 高杉晋作 幕末・維新の風雲児』監修：奈良本辰也・まんが：堀江卓（学研）
『高杉晋作』藤岡信勝（明治図書）
『春風伝』葉室麟（新潮社）
『梅の花咲く』田中秀征（近代文響社）
『高杉晋作』一坂太郎（角川ソフィア文庫）

『動けば雷電のごとく　高杉晋作』海原徹（ミネルヴァ書房）
『維新風雲回顧録』田中光顕
『高杉晋作』冨成博（弓立社）
『高杉晋作』古川薫（新人物往来社）
『高杉晋作をめぐる群像』奈良本辰也（青人社）
『教科書が教えない歴史有名人の晩年』（新人物往来社）
『学研まんが人物日本史　伊藤博文 維新と文明開化』監修：樋口清之・まんが：田中正雄（学研）
『向陵集』野村望東尼
『野村望東尼』谷川佳枝子（花乱社）
『野村望東尼』小河扶希子（西日本新聞社）
『流人　望東尼』小石房子（作品社）
『幕末武士道、若きサムライ達』山川健一（ダイヤモンド社）
『野村望東尼』小河扶希子（西日本新聞社）
『幕末動乱に生きる二つの人生』安川浄生（みどりや仏壇店書籍部）
『ジョン万次郎とその時代』編著：川澄哲夫・監修：小沢一郎（廣済堂）
『ジョン万次郎』童門冬二（学陽書房）
『さざなみ軍記　ジョン万次郎漂流記』井伏鱒二（新潮文庫）
『ファースト・ジャパニーズ ジョン万次郎』中濱武彦（講談社）
『詠草和歌・坂本龍馬全集』平尾道雄（光風社出版）
『竜馬がゆく』司馬遼太郎（文春文庫）

『わが夫　坂本龍馬　おりょう聞書き』一坂太郎（朝日新書）

『坂本龍馬』横山充男（ポプラ社）

『龍馬は和歌で日本を変えた』原口泉（海竜社）

『千里駒後日譚・坂本龍馬全集』宮地佐一郎（光風社出版）

『龍馬の言葉』坂本優二（ディスカヴァー・トゥエンティワン）

『京都・龍馬の足跡を歩く 第3回』赤尾博章 http://www.digistyle-kyoto.com/study/ryoma/

『御母堂物語　歴史を創った偉人の母17人』田井友季子（光言社）

『親のこころ』木村耕一編著（1万年堂出版）

『その時歴史が動いた15』NHK取材班（KTC中央出版）

『明治1』NHK「明治」プロジェクト（NHK出版）

『金・銀・銅の日本史』村上隆（岩波新書）

『世界の偉人たちが贈る　日本賛辞の至言33撰』波田野毅（ごま書房）

『シュリーマン旅行記　清国・日本』シュリーマン・石井和子訳（講談社学術文庫）

『癒されながら夢が叶う「優しい生きかた」の心理学』矢野惣一 公式ブログ https://ameblo.jp/mentalconsultant/

『明日が見えないときに君に力をくれる言葉』ひすいこたろう（SD文庫）

『人生に悩んだら日本史に聞こう』ひすいこたろう＋白駒妃登美（祥伝社）

『心にズドン！と響く運命の言葉』ひすいこたろう＋日野さおり（王様文庫）

『名言セラピー　幕末スペシャル』ひすいこたろう（ディスカヴァー・トゥエンティワン）

『あした死ぬかもよ？』ひすいこたろう（ディスカヴァー・トゥエンティワン）

『龍馬。ありがとね。今度カステラ奢るね』ひすいこたろう（海援隊出版）

ひすいこたろう

作家　幸せの翻訳家　天才コピーライター。
「視点が変われば人生が変わる」をモットーに、ものの見方を追求。衛藤信之氏から心理学を学び、心理カウンセラー資格を取得。『３秒でハッピーになる名言セラピー』がディスカヴァー MESSAGE BOOK 大賞で特別賞を受賞しベストセラーに。他にも『あした死ぬかもよ？』『前祝いの法則』などベストセラー多数。近著はおバカな息子の名言集『できないもん勝ちの法則』『パズるの法則』がある。４次元ポケットから、未来を面白くする考え方を取り出す「この星のドラえもんになる！」という旗を掲げ日夜邁進。

●オンラインサロン『ひすいユニバ』を運営し、毎月２回スペシャルレクチャーを配信中。
●自己啓発系お笑いユニット「グリーンズ」を結成し、YouTube で毎日ネタを更新中
（「グリーンズチャンネル」ぜひ登録して聞いてみてね）
●メルマガ『３秒で Happy? 名言セラピー』
●ひすいこたろうオフィシャルブログ　http://ameblo.jp/hisuikotarou/

人生最後の日にガッツポーズして死ねるたったひとつの生き方

２０２０年４月21日　初版発行
２０２４年８月20日　第７刷発行

著　ひすいこたろう

編集　滝本洋平
デザイン　大津祐子
挿絵　辰島詩織

印刷・製本　株式会社光邦

発行者　高橋歩

発行・発売　株式会社 A-Works
〒113-0023 東京都文京区向丘 2-14-9
URL : http://www.a-works.gr.jp/
E-MAIL : info@a-works.gr.jp

営業　株式会社サンクチュアリ・パブリッシング
〒113-0023 東京都文京区向丘 2-14-9
TEL : 03-5834-2507　FAX : 03-5834-2508

本書の内容を無断で複写・複製・転載・データ配信することを禁じます。
乱丁、落丁本は送料小社負担にてお取り替えいたします。

写真　Bettmann/gettyimages
©iStockphoto_pidjoe, kieferpix, yupiyan, LoveTheWind, Hakase_

日本音楽著作権協会（出）許諾第 2002586-001 号

© Kotaro Hisui 2020　Printed in Japan